AF459960

5e ÉDITION

ALEXANDRE HEPP

Minutes d'Orient

Propos de Cour et Paysages

Avec un portrait de S. A. R. le Prince de Bulgarie et un portrait de S. A. R. Madame la Princesse.

PARIS
E. DENTU, ÉDITEUR
3 ET 5, PLACE DE VALOIS, PALAIS-ROYAL

MINUTES D'ORIENT

BELGRADE — SOFIA — CONSTANTINOPLE

ALEXANDRE HEPP

Minutes d'Orient

Propos de Cour et Paysages

Avec un portrait de S. A. R. le Prince de Bulgarie et un portrait de S. A. R. Madame la Princesse.

PARIS
E. DENTU, ÉDITEUR
3 ET 5, PLACE DE VALOIS, PALAIS-ROYAL

S. A. R. MADAME LA PRINCESSE DE BULGARIE
ET LE PRINCE HÉRITIER.

S. A. R. LE PRINCE FERDINAND

DE BULGARIE.

I

LA VALISE BOUCLÉE

MINUTES D'ORIENT

I

LA VALISE BOUCLÉE

L'Express-Orient chauffe contre le quai, gare de l'Est. C'est un dimanche. Six heures. Déjà, dans les trains de banlieue, rentrent des Parisiens tout poudreux d'un beau jour de juin, et moi qui vais au loin je les regarde comme des diminutifs de voyageurs.

Je pars, une fois encore. J'ai brusquement vidé mes tiroirs

dans la malle, j'ai coupé net, je lance sur l'inconnu l'inquiétude qui me pousse, — et en réalité toute la Vie n'est-elle pas cette station dans une gare, en l'attente de ce qui nous emmènera ?

Adorable et cruel mirage de « la fugue », qui remet au fond du cœur la désespérance quand même, sitôt que c'est fini ; trompeur remède, et pire que le mal, folie qui vous fait l'amant des routes.

Ainsi j'ai couru les capitales, croyant tout sauvé par cette évasion, pour une minute au large, et retrouvant toujours l'ennui fidèle, et l'amitié beaucoup moins. Non, il ne faut point disparaître, parce que ceux qui restent ne pardonnent pas à cette liberté d'allures, à ce dédain de toutes les petites choses dont on fait ici un monde, à ce bonheur.

Mais j'ai cette fois pu produire une excuse, je l'ai savamment soutirée à l'Actualité. Le Roi Alexandre de Serbie vient de fournir à la politique le régal de plus en plus rare d'un coup d'État, le Prince Ferdinand de Bulgarie vient de rendre M. Stambouloff à ses foyers : c'était une occasion à souhait, et l'œuvre, le métier du journaliste, allaient ainsi servir de rançon au plaisir de l'homme.

A longs pas j'arpente; dans ma cabine, mes bagages; et pendu au crochet mon cursing-coat : c'est déjà un coin de chez moi dans l'étranger. On arrive, il s'agit de se caser, on parlemente autour des garçons de sleeping qui pointent leur feuille.

— Je tiens à être seul.

— Impossible, monsieur.

— Vous n'aurez pas à le regretter.

— On verra en route.

Le monsieur qui s'arrêtera à Carlsbad est très élégant avec son plastron rose; le voyageur pour Vienne a des façons de financier, ou plutôt, avec ses bagues énormes et son bracelet au poignet, de fils déjà de financier; cette redingote noire, avec basques copieuses, c'est pour Constantinople, et pendant le trajet, elle se complètera du fez, posé comme une capsule de Saint-Julien; sacoche au flanc, en boléro beige, soigneuse de ses ondulations qui seront sur ses cheveux blonds comme la dernière preuve de Paris, une chanteuse de concert, jetée par l'imprévu à Salonique; je suis seul pour Belgrade.

En tout vingt-six personnes, destinées à cohabiter pendant des heures, parfaitement infusionnables; et je ne sais rien de plus délicieux que cette conviction où est chacun, que son voisin peut être un aventurier : grâce à elle c'est l'indépendance, et c'est l'administration sereine de l'égoïsme.

Le train s'ébranle, le dîner est servi au départ. Sur les petites tables, des fleurs, piquées dans la blancheur des serviettes, et ce serait un charme que de voir installées là, devant ces roses, les ombres surprises de Laffitte et de Caillard.

Des tremblements d'assiettes, une danse de bouteilles dans les filets. Maintenant ce sont les vins de France qui ballottent là-haut, demain ils auront disparu de la scène : à cause des droits, la cave improvisée change de fond avec les frontières ; à Munich, la bière du Lion et le soda remplacé par le Gieshubler ; sur le parcours allemand le Braunberg et le Hochheimer ; en Autriche le Voslauer ; avec la Hongrie le Tockay et le Carlo-vitzer ; avec la Bulgarie le vin de Vidin ; aux approches de Mustafa, du Raki. Et ces étapes successives sont comme l'école d'un cosmopolisme gastronomique.

Le menu d'ailleurs est soumis aux mêmes variations géographiques : en dehors du poulet qui est vraiment international, les spécialités de chaque contrée y figurent tour à tour ; ici c'est le saumon du fleuve voisin, là quelque truite pêchée au trident entre les eaux qui écument de la montagne ; plus loin, vers les plaines, c'est le mouton qui règne ; en traversant l'Allemagne les douceurs farineuses de l'entremets se corsent : de telle sorte qu'on se croirait là dans l'auberge roulante du Monde.

Mais en vérité manger est laid ; ceux qui savent s'acquitter de ce devoir sont rares, et c'est en voyage surtout que l'on s'en aperçoit.

Ah! les affreux coups de dent, les avidités de la table d'hôte, les roueries de l'amateur qui « en redemande! »

Il y a là un monsieur qui sans gêne accapare le rosbif à la portugaise; un autre détient le seau à glace; et du fond, voici que tout suant sous la chaleur du soir d'été et du charbon dont les escarbilles le noircissent, le maître d'hôtel en livrée apporte les sorbets à un formaliste qui se plaint et qui chez lui peut-être n'en aurait point : mais il est ici fort exigeant.

Moi, dans mon coin, je n'ai pas faim. Je regarde un instant l'homme qui à tours de manivelle, comme un esclave des temps civilisés, fait marcher les éventails fixés au plafond, et puis, par la croisée ouverte, la Nuit qui doucement se répand.

De cette nuit-là, nul ne songe à s'occuper. Elle est exquise pourtant. Je la traverse, elle m'envoie des senteurs de champs; elle me laisse entrevoir de petites maisons où l'on va s'endormir. Le train tonne au front du village, je passe, et qui sait? peut-être mon rêve est là...

Une à une cependant les tables se vident; au fumoir, quelques pipes, j'allume un cigare et m'accoude sur la plate-forme.

Là-bas, en arrière, c'est Paris, Paris qui s'éloigne toujours davantage, ce Paris quitté avec délices en bouclant tout, et voici déjà que le boulevard s'illumine en mon cerveau, et que le vert des Champs-Élysées, si tendre sous les lumières qui le poudroient, m'apparaît comme divin. Pourquoi ai-je abandonné cela ? Comment ai-je bien pu ? et l'irréparable inanité de nos errances, de nos efforts, de nos espoirs, à nouveau me saisit.

Enfin on annonce que mon lit est installé.

Je réintègre le long couloir, encombré de literies ; une odeur de nécessaires ouverts, cuir de Russie et essences, se propage ; des silhouettes d'un dévêtu bizarre passent et repassent ; pour lire, je demande une bougie et avant qu'on ne me l'apporte, fichée au goulot d'une bouteille, je considère la sonnette qui est là, dans le couloir, sous carreau, sonnette d'alarme, dont on ne doit tirer l'anneau qu'en cas de péril, et sous peine de condamnation.

Et tandis que les instants s'écoulent, plus je fixe la sonnette, plus cette défense de toucher à la sonnette m'attire; un besoin irrésistible de faire sauter cette vitre me travaille, m'obsède, m'hypnotise, et dans mon imagination peu à peu se joue tout un drame fantastique, à la hauteur d'Edgar Poë, de Rollinat et de M. Charcot.

Positivement, j'entrevois le monsieur qui ne résisterait point à la sonnette et qui, farouche à la fin, étendrait la main... pour retomber après dans l'abattement morne de l'assouvissement.

Mais tout est prêt ; stores baissés, porte close, je suis assis sur ma couchette ; maintenant l'hallucination est dissipée, je revêts pour la nuit un déshabillé qui me ferait honneur en cas d'accident, et je trouve dans l'isolement de ce réduit étroit la sensation d'un immense soulagement. Un livre à découper m'attend sur la tablette, mais j'écoute le bruit des roues qui me berce et sur moi las de pensées, jouet livré à la machine qui siffle en brûlant les gares, doucement le sommeil descend.

Au réveil, l'Alsace est franchie, et je bénis la Nuit de ma cabine, qui m'a permis de ne rien distinguer de la chère terre perdue.

Ainsi elle reste en mon souvenir telle que je l'ai quittée, tout petit, — inviolée; je n'ai pas vu, je n'ai pas touché la blessure, et je peux croire encore que tout ce que l'on dit est mensonge.

Mais voici Ulm dont le nom m'est comme une caresse : à cette place nous fûmes grands, et dans l'arrêt du train, je me penche pour chercher, auprès des bastions nouveaux, en pierre rouge, des pierres de sang, la trace des murs anciens; il en est encore, et je les aime, ils ont connu la France, — et pour compléter toute l'éloquence de cette évocation, le hasard me fait lire ces mots, à la sortie de la ville, sur une enseigne de cabaret, en lettres gothiques : Mack, aubergiste !

A Augsbourg, sur les vastes quais de bitume, un tableau charmant : une longue théorie de petites filles arrivées des villages voisins, très blondes, en tabliers roses à épaulettes, le sac d'école au dos, attend l'institutrice, et puis s'engouffre dans les passages souterrains, avec un immense murmure d'oiseaux. C'est l'Allemagne même, partout riche d'enfants, et qui sait, parmi toutes ces petites auxquelles on enseigne Dieu et la douceur du myosotis, se trouve celle qui écrira, comme la Princesse de Bismarck, qu'il faudrait nous exterminer jusqu'au dernier.

A midi, Munich.

Dans le hall immense dont

s'enthousiasmait Viollet-le-Duc, éclatent les cuivres d'une musique militaire; drapeau déployé, un régiment d'infanterie en parade est massé sur le quai, les uniformes serrés font une longue ligne azur, des casques étincellent jusqu'au loin. Des généraux à panache, des officiers corsetés et le monocle à l'œil, attendant en avant, avec un cliquetis d'éperons sur le tapis déroulé à la hâte. Et de notre train débarque un personnage monté je ne sais où. C'est le Prince de Waldeck-Prymont. Subrepticement, il a ôté ses lunettes, et rose, gras, ciré, la main tendue, avec des outrances de politesse, il se présente, tandis que les tambours maintenant battent aux champs. Devant les portières du wagon, à deux pas de moi, le tambour-major : et j'observe, curieusement cet homme. Non, il n'a plus rien d'humain, ni volonté, ni conscience ; immobile, le menton levé et les pieds joints, la canne en l'air et oblique, les pectoraux bombés sous le drap bleu clair qui ne fait pas un pli, dans une contracture de tous les muscles de sa face pâle d'émotion hiérarchique, il retient, il discipline jusqu'à son souffle. Un regard du Prince et il serait payé. Et ainsi mécanisé, il a quelque chose de dompté, d'avili, de contre-nature qui est effroyablement beau...

On est parti, l'apothéose soldatesque s'évanouit, des forêts, des labours ; et comme on a de peine à se convaincre qu'un arbre peut être allemand, que cette hirondelle est allemande, dans le ciel! mais voici qui rétablit les nationalités, — la douane autrichienne, à Simbach.

Profils souriants, fonctionnaires paternels. Ils apparaissent seulement au seuil de la cabine où je suis étendu dans la chaleur du jour, et après cette manifestation, de nouveau la campagne gaie, tachée de bœufs rouges, féconde, avec au fond la dentelle des Alpes de Styrie.

A Linz, sur un comptoir en plein vent, les tartes fameuses, à la pâte de noisette et de miel. A Amsteten, près de la gare aux déchiquetures de bois que tapissent les glycines, un piano joue le

Beau Danube bleu. A Moëlk, au sortir de la vallée du Danube, l'abbaye des Bénédictins, assise toute blanche sur un rocher.

Revenait-elle d'une méditation à l'abbaye, la jeune femme qui à Moëlk monta? Longtemps elle demeura debout, dans le couloir, non loin de moi, le front au vent, et d'elle je ne voyais que l'or de ses cheveux et le deuil de sa robe légère. Soudain, à ses pieds, échappée d'un petit bouquet qu'elle tenait, une fleur tomba. Je la ramassai et la lui offris, silencieusement, en m'inclinant. Ses yeux d'iris me remercièrent, elle eut, vers moi, un geste lent de gratitude, puis reprit sa contemplation. Lorsqu'après Saint-Poelten, à l'entrée du Wienerwald, on vint avertir que le dîner commençait, machinalement, elle gagna la salle à manger, en glissant comme une ombre mélancolique. Près d'une glace ouverte elle s'assit, et ne voulut rien.

Cependant le soir pesait, dans la lassitude des choses ; nous roulions vers Vienne, qui déjà s'annonçait : des villas enfouies, des jardins peuplés de statues, des bals, des annonces énormes.

Et enfin l'arrêt, dans la brutalité des feux électriques.

La gare est immense, d'un luxe récent. Le bruit des marteaux sur les roues, l'emplit. Je fais les cent pas, cherchant à surprendre quelque chose de la Ville qui palpite autour de moi, au cœur de laquelle je suis, sans savoir comment il bat. Et voici l'inconnue de Moëlk.

Elle est à destination ; un vieux domestique l'attend; je la salue, avec le même air de chagrin recueilli et doux elle me regarde un instant et disparaît en emportant son secret. Alors je veux savoir, je m'informe, et un homme galonné, au képi magistral, d'une voix où passaient le respect et la pitié, me dit simplement :

— Elle a aimé l'archiduc Rodolphe.

Le train, après de difficiles manœuvres, et ravitaillé, reprend sa marche. A présent, de nouveau c'est la Nuit. Et je ne sais pourquoi elle m'est douloureuse.

L'image de l'inconnue dans

ma solitude me poursuit ; elle domine de toute sa magie de tristesse le chaos des choses vues, et elle semble me tenter : quel vivant ne voudrait pas être aimé comme ce mort !

Mon esprit et mon cœur roulent dans le vague encore plus vite que le train, l'insomnie me tient jusqu'à Buda-Pesth. Mais le but se rapproche, d'ici peu, je serai dans les faits, on doit m'avertir avant Semlin. Et à sept heures du matin voici la plaine hongroise.

Le soleil l'incendie ; à perte de vue elle s'enfonce dans l'horizon, abandonnée, avec quelques chevaux blancs seulement, au fin jarret, qui galopent ou broutent les touffes de genêt ; çà et là des troupeaux, et au milieu d'eux, se détachant sur l'immensité du ciel et du sol, le berger courbé. Homme perdu, point noir presque imperceptible, dans la nature qui en ces parages déjà redevient la maîtresse ; on sent l'approche d'espaces puissants, de pays où les villes seront l'extraordinaire.

Je suis prêt, et en ce moment me saisit l'ivresse qui monte de la terre sauvage et vierge. Mes paquets attendent dans le couloir qu'on les jette, j'ai hâte d'arriver, d'étreindre ; enfin tout d'un coup, Semlin, la dernière station d'Autriche, et en face, à deux kilomètres, presque à portée de fusil, sur une langue de terre qui semble vassable, entre le Danube plein de bateaux et la Save, une haute forteresse et une ville blanche en courbe, — Belgrade!

II

SENSATION D'ENTRÉE

II

SENSATION D'ENTRÉE

Au bout de ce voyage, je pensais trouver la Révolution ; elle nous avait été annoncée, avec toutes ses émouvantes passions et ses troubles si intéressants : le retrait par le roi Alexandre Ier de la Constitution de 1888, son remplacement par la Constitution moins libérale de 1869, le décret du Roi abrogeant les lois prises contre sa famille, un peuple soulevé, et sur ce canevas politique les broderies de l'âme slave.

J'arrive, — et voici couchée au soleil comme une immense tortue dont la tête serait la vieille citadelle, Belgrade que chantait Hugo dans les *Orientales* :

Allons, la Turque et la Chrétienne,
Semlin, Belgrade, qu'avez-vous ?
On ne peut, le ciel me soutienne,
Dormir un instant, que vienne
Vous éveiller d'un bruit jaloux
Belgrade ou Semlin en courroux !

Je descends, — et dans cette ville exaspérée, prête à toutes les résistances, on travaille paisiblement à une ligne de tramway ; au seuil des boutiques, des vendeurs de sandales et de vestes brochées, battent leur étal; d'autres plus loin, sur la chaussée rocailleuse, versent aux passants la boisson des rues, une fermentation de maïs et d'orge, du fond d'un bidon de cuivre qui reluit; l'un offre ses cerises sur un trépied, l'autre ses pâtisseries à l'anis, ses amandes parfumées.

Sur la Térazia, la grand'place de Belgrade, près du Palais, autour de la fontaine aux vasques moussues, un attroupement : en masse, des chapeaux noirs, ronds et à vastes bords bretons, des calottes de velours, des bonnets de fourrure; des chemises blanches qui retombent en plissures légères au delà d'une ceinture bariolée, et que fixent sur la poitrine, comme une armure d'étoffe, le gilet échancré, croisé, passementé, ou la jaquette courte coupée net, aux soutachements sombres; de vastes pantalons, blancs aussi, qui bouffent, et brusquement se serrent aux genoux, dans des guêtres multicolores pincées par des lanières.

C'est le costume du paysan serbe; ce sont aussi ses yeux bruns, à la fois perçants et doux, qui brillent là, et sur cette place où il tient ses assises, avec son allure fière et un peu nerveuse, sa moustache violente, avec ce visage tourné vers l'action et vers le rêve, rusé et intrépide, le paysan attend, observe, penché sur sa haute canne à bec rustique ou s'explique avec de nobles gestes.

Il fait de la politique à outrance, au point d'en oublier la charrue, et c'est pour la politique qu'il est aujourd'hui dans la Ville : les délégations des districts viennent rendre visite au Roi, et le remercier dit-on. Elles encombrent la rue sale, et tous ces groupes sont curieux : il y a là un vieux Serbe, sans doute maire de son village, en riche costume de cuir et de velours, avec la chaîne d'argent, qui fait la leçon au milieu d'un cercle attentif : autour de lui on se mouche du pouce, — en tirant le mouchoir après, et dans des outres posées on puise du lait aigre.

De la fièvre ? de la colère ? non point : presque un air de fête et de foire. Des popes à longue barbe brouillée me saluent ; des soldats, des officiers promènent leur lente vie de caserne ; ici, l'encombrement des auberges devant lesquelles des attelages de buffles noirs stationnent; là, le va-et-vient souriant des femmes aux corsages voyants, et si lâches qu'ils semblent sur elles comme une caresse d'étoffe, et au loin le marché, animé, fourni, où s'affirme l'habitude régulière.

Ma voiture cahote entre des maisons, basses, craquelées, loqueteuses : puis le nouveau Belgrade, une petite ville de province avec un Palais dedans.

A la recherche d'un hôtel, je sonne à l'*Hôtel de Paris*, — et attends vainement. Mon cocher me fait signe qu'il en sait un meilleur, et je vais remonter, quand s'approche un personnage, casquetté d'importance, qui me dit dans un français d'interprète :

— Il n'y a ici qu'un seul hôtel digne de Monsieur le Baron !

Et je me laisse conduire à l'*Hôtel Impérial*, dont la véranda feuillagée me sourit au fond d'une cour.

Enfin je suis dans ma chambre et étonné de ses façons confortables. Sous mes fenêtres, des marchandes de poisson fumé s'alignent au soleil, et l'une porte son enfant sur son dos, dans un berceau de haillons ; en face un bazar flanqué d'énormes pots de pekmès aux prumes ; et toujours le mouvement lent, silencieux, d'une foule multicolore sans personnalité, qui procède par troupes et comme par lambeaux de famille.

Ma valise ouverte est sur la table, en manches de chemise je vais et viens, je commence ma toilette : et aussitôt, sans que j'aie appelé, doucement, la porte s'entrebâille, des cheveux noirs en broussaille épaisse, des yeux noirs flamboyants apparaissent, et des lèvres rouges ; puis le corps passe tout entier, avec une souplesse de liane, harmonieux et solide pourtant sous l'étoffe légère, plaquée au nu, du caraco et de la jupe d'andrinople.

C'est une Hongroise, un beau type de Szegedin, que le soleil brunit comme le raisin, et la chair ferme de ses bras vers moi, dans un sourire qui fend sa bouche ardente, elle s'avance, en s'annonçant par son nom :

— Maryska !

C'est la surprise des hôtels en Serbie. Tous tiennent à honneur de pratiquer la perfection de l'hospitalité, sous le contrôle même de l'administration. Je me rappelle la petite Serbe de l'Hôtel de l'Europe, dans Nisch ; au retour d'une visite au monastère de Garbovast, perdu dans la montagne avec ses murs illustrés comme des pages de missel, je la trouvai dans ma chambre, chassant les scorpions qui rôdaient sur mon lit; elle-même s'intitulait la « pauvre Margaret », elle faisait seule les cinquante chambres des officiers serbes descendus là en tournée de manœuvre, et cependant elle conservait une grâce fragile avec son mouchoir noué en cornette sur la longue et fine figure blonde, où deux yeux de pervenche étaient très doux. Je n'avais prêté à son air soumis, et vraiment tendre parfois, qu'une attention brève ; et maintenant elle me fixait, dans la lourdeur de l'après-midi, avec un reproche et une tristesse au fond du regard.

Alors je ne voulais rien d'elle, elle ne me plaisait point ? et je lui ferais ce chagrin inconnu d'elle, qui avait tant d'autres chagrins, de la dédaigner ? Mais brusquement je la vis faire un effort de pensée, puis son visage s'éclaira, elle s'enfuit sans mot dire, et au bout d'un moment revint. Qu'avait-elle compris? de quelle psychologie s'était soudain avisée cette enfant obscure? Prompte, d'un geste péremptoire, elle avait jeté sur la table un certificat médical dûment estampillé, et avec un orgueil à la fois cynique et ingénu, des provocations et des larmes, elle me le montrait là...

Vers trois heures, habillé, cravaté même, par Maryska dont le zèle enveloppant veut éviter à un « gospodine » de Paris toute fatigue sans charme, je me fais conduire au nouveau Palais, pour remettre au roi Milan un pli qui me recommande.

Le nouveau Palais n'est achevé que d'une aile; il dresse ses dorures au-dessus d'une longue avenue d'arbres.

Dans une première cour, par derrière, des cantonnements, des bois, des fusils en faisceaux, des soldats de la garde, en uniforme bleu et rouge, avec le hausse-col de cuivre ; au moment où je pénètre, très dévisagé, battent des tambours aux sons bizarres de casserole ; on relève un poste, et des officiers se passent le mot d'ordre, debout autour d'un fanion orange, fiché entre les pavés ; dans la seconde cour, le pavillon du Maréchal de service et en face, l'entrée du Palais où s'immobilise un suisse à plumes blanches. — Un long moment ; deux aides de camp viennent à ma rencontre, et m'introduisent.

Singulières fantaisies de la Destinée! Il y a quinze jours à peine je croisais le roi Milan près du boulevard; il était dans le plein de la vie parisienne, évoquant là un paragraphe du conte de Voltaire ou une page du roman de Daudet, et à l'improviste le voici replacé dans son cadre et surélevé de Majesté. Au bout d'un salon bleu, un fumoir donnant sur le parc, avec un divan oriental, en demi-lune. Sous un dais à hallebardes, deux fauteuils; près du seuil, m'attendant, le roi Milan: il porte la vareuse noisette, cintrée à la taille, épaulettée de torsades d'or, avec la croix de l'Aigle blanc; de la poche de son pantalon collant sort la crosse d'argent d'un petit revolver; et pâle, cambrant sa haute taille, effilant sa moustache noire, le Roi, du coup, semble vouloir rayer le comte de Takovo de mon souvenir.

Pourtant sur sa bouche dédaigneuse, inquiétante, aux replis d'une finesse subtile, perce un sourire dont l'action séduisante est presque féminine; l'accueil met à l'aise ma requête et aussitôt j'explique ma présence à Belgrade par l'ambition, de circonstance, d'une entrevue avec S. M. le Roi de Serbie.

Mais le roi Milan va sortir en voiture, avec le préfet de la Ville; il veut bien m'assurer de son désir d'être agréable à un écrivain français, de la bienveillance du jeune Roi, de l'intérêt qu'aurait pour moi l'inconnu de ce ciel, et satisfait de cette courte préparation, sur un signe je prends congé, avec une impatience de me plonger dans les choses.

III

UNE ENTREVUE AVEC S. M. LE ROI ALEXANDRE DE SERBIE

III

UNE ENTREVUE AVEC S. M. LE ROI ALEXANDRE DE SERBIE

S. M. le roi Alexandre Ier m'a reçu à dix heures du matin, dans le vieux Palais, — un bâtiment à un étage, aux persiennes mi-closes contre le soleil, aux tons jaunes, avec un petit jardin de buis, de géraniums et de roses, de familial aspect, et que, s'il ne portait en chapiteau les armes de Serbie, *Tempus et meum jus*, on prendrait pour quelque simple demeure seigneuriale.

Ainsi intime, le jeune Roi le préfère au nouveau Palais qu'occupe actuellement le roi Milan, comme s'il s'accordait mieux avec la vie qu'il s'est faite, vie un peu grave, où l'étude, le travail, l'investigation, le souci d'une œuvre à accomplir n'ont de diversions que dans des promenades, des visites aux prés de manœuvres, des parties d'échec et des causeries non sans malices, paraît-il, avec des amis certains.

Dans le demi-jour d'un petit salon empli de portraits, le Roi se tient debout, pris en un uniforme clair, la croix de Takovo sur la poitrine, et, tandis qu'il avance vers moi sa main sincèrement ouverte, je considère ce Roi qui, à peine échappé de l'éducation, a su déjà vouloir, et, averti sur toutes choses, étonner l'Europe des coups de théâtre de sa volonté ; en qui, malgré moi, je cherche l'enfant fragile devant la politique, et vais trouver tout à l'heure, avec surprise, un homme qui la tient et la sait tenir.

Vrai jeunesse d'attitude, d'expression, de grâce, et pourtant curieusement sévère ; il y a là de la tendresse et de la résolution, des larmes arrêtées et des pensées qui sont venues, quelque chose de la solitude qui vous mélancolise, en même temps qu'elle vous trempe. Le front se bombe, mais avec une pâleur très douce, sous la ligne des cheveux noirs, brossés courts ; cet œil, derrière le verre bruni d'un lorgnon, on sent qu'il ne vous quitte point, et que, sous cet obstacle, il parle ; les ailes fines du nez, à la courbe orientale, expriment aussi ; la bouche, où se marque la moustache, est d'un ferme et mince dessin, avec, par instant, un sourire à pleines dents blanches qui vient éclairer tout le concentré robuste et précoce de cette physionomie, comme l'égayer de bonté naturelle et de sensibilité.

Et après m'avoir offert une cigarette, en m'avouant qu'il n'avait jamais fumé, — en ce pays de Serbie où le tabac blond file par tous les doigts, — assis en face de moi, de l'autre côté d'une petite table ronde, la voix affable et pourtant sérieuse, du ton réfléchi d'un mathématicien déduisant, maître de son total et de son fait, le Roi me dit :

— Eh bien ! vous avez pu constater, monsieur, que Belgrade n'est pas en bouleversement; il n'y a pas une patrouille, il n'y a pas eu un cri, pas une arrestation depuis les décrets, — les procès qui s'instruisent actuellement datent d'avant eux ; vous verrez bien des hommes ici, je vous engage même à vous entretenir avec ceux de tous les partis, tous vous diront que les choses se sont exécutées, passées le plus simplement du monde, et ont été accueillies de même. Ce dimanche-là, le soir, je me suis mis au balcon du palais ; j'ai regardé, les habitants revenaient tranquilles, joyeux, de leur promenade favorite au parc de Topchider, notre Versailles, et pas un instant, sous aucune forme, ni dans le peuple, ni chez les partis opposés, on n'a douté des sentiments qui ont fait agir le Roi.

« Il n'en est pas ainsi au dehors ; la situation de la Serbie, la portée de cet acte politique, en France et ailleurs, ne sont pas jugées avec des notions exactes et sans quelques idées préconçues. On attribue à ce qui vient de se produire ici des arrière-pensées, des sous-entendus, des tendances étrangères, contre lesquelles il est de mon devoir de protester, et avec énergie. De la politique étrangère, la Serbie n'en a point à faire ; pour elle, depuis le traité de Berlin, l'ère de la politique étrangère est close, elle n'a pas de mot d'ordre à chercher. Ni à Vienne, ni à Berlin, ni à Constantinople, on n'a connu les derniers événements, avant qu'ils fussent accomplis. Nous voulons simplement vivre en relations courtoises avec tous nos voisins et remplir loyalement nos obligations extérieures.

« Certes, l'Autriche a plus d'une affinité avec nous ; nous avons des intérêts communs, géographiques, mais nous n'avons pas plus à nous appuyer sur elle qu'à obéir à je ne sais quel éloignement pour la Russie. Je sais qu'on nous représente volontiers comme dans un esprit peu favorable à cette puissance : je déclare que c'est là « une pure calomnie » ; on la répand cependant, sans trouver rien à articuler ; quand on formule de pareilles accusations, il faut être précis, net, plus « objectif ». Pour moi, je tiens d'autant plus à établir ce point que dans bien des questions, celle des tarifs, par exemple, nous avons fait pour la Russie l'impossible, et que dans votre beau pays de France, où j'ai trouvé partout un accueil dont le souvenir n'est pas effacé, je ne voudrais pas qu'une pareille erreur trouvât plus long crédit. »

Le jeune Roi parle le plus pur français ; il dit tout cela sans un effort de pensée ou de mot, sans un geste, avec un air de calme et froide volonté, qui, répandu sur tant de jeunesse, impressionne.

Un valet de pied passe des gelées de fruits sur un plateau ; le Roi, qui a planté sa petite cuiller d'or me fait signe de goûter et poursuit :

— « Notre seule politique est une politique d'apaisement par tous demandée, de consolidation intérieure, patriotique. Ce que j'ai fait, avec le concours des libéraux et des progressistes, il le fallait faire, « cela ne pouvait marcher ». La situation créée par les radicaux, leurs ministères et leur clientèle, mettait, pour finir par de grosses fautes contre le pays, sa vitalité même en péril. J'ai une longue série de motifs.

« Dès le premier jour, les radicaux ont interprété la Constitution de 1888, donnée par mon père le roi Milan, selon leur besoin à eux, leurs intérêts et à leur profit; la justice était en leurs mains et à leur discrétion; l'administration a souffert jusqu'au fond de leurs vexations, de leur incurie, de leur incapacité. Pour les finances, c'était une déroute; les impôts ne rentrant pas, non levés, pour complaire aux paysans; les pensions de retraite portées, pour allécher, à des proportions et des quantités écrasantes; un emprunt servant uniquement à masquer l'autre, et dans ces fantastiques budgets, l'armée, menacée de perdre toute discipline, figurant pour presque rien! Ainsi, en 1891, sur un budget de 57 millions, l'armée compte pour 9 millions 500 mille francs; sur 63 millions actuellement, il n'y en a que 12 pour elle! Plus d'autorité, plus de sécurité, — en octobre il y a eu 19 assassinats politiques, — plus de confiance ni de progrès.

« Et ce qui dans cette situation était intolérable, c'est que celui qu'on mettait toujours en avant, celui qui portait la responsabilité de tout ce qu'il déplorait sans rien pouvoir, c'était le Roi, c'était moi !

« Ce qui n'empêche pas que chaque fois qu'on l'a pu, on a cherché à diminuer le prestige royal, à m'ôter les occasions de faire quelque chose d'utile, de m'entretenir avec les hommes de bonne volonté, à Belgrade et dans mes voyages en Serbie, à mettre mes meilleures intentions en échec; je sais qu'on n'a même pas reculé devant les intrigues antidynastiques, — il y a ainsi des sommes disparues dont l'usage n'est pas resté assez obscur; les journaux de parti ne se gênaient pas pour écrire qu'il y a incompatibilité entre les Obrenovitch et les radicaux. Et le dirai-je? Une chose surtout me faisait toucher les bornes de ce pouvoir royal qu'on mettait si volontiers en avant, — les lois prises contre ma famille.

« Comment! je suis le souverain, et je n'ai pas là mes parents? Je ne peux pas les faire rentrer?

Est-ce admissible ? Dans quel pays civilisé cela s'est-il vu, où est-ce que cela existe ? Non, non. Il y avait là un état contraire à ma dignité et contraire à la nature, des exigences qui froissaient en moi le Roi et le fils que je suis.

« Pour ce motif et pour tous les autres, après avoir longuement cherché à établir l'équilibre, la balance entre les partis — ah ! cela n'était pas aisé : quand j'appelais les radicaux qui m'avaient promis de la mesure, ils ne tenaient pas leur promesse, et quand j'appelais les libéraux ils perdaient toute modération, — j'ai agi, j'ai retiré la Constitution de 1888, repris celle de 1869, et, nonobstant la Cour de cassation, j'ai rappelé mon père. Je l'ai fait par cœur, pour des raisons intérieures, la politique étrangère n'a rien à y voir et mon père restera auprès de moi...

— Et, sans doute, dis-je, le bonheur de Votre Majesté ne sera complet que lorsque la famille sera complète au Palais royal?

Alors le Roi eut un sourire silencieux et très doux, et il avala une gorgée de café noir, à la turque, qui attendait là dans son fin godet de porcelaine.

— « Si j'ai repris la Constitution de 1869, ajouta le Roi, c'est qu'on n'en improvise pas une nouvelle; refaire celle de 88 était délicat aussi, puisqu'une Constitution ne veut point être reprisée : sitôt qu'on y touche, l'échafaudage entier risque de céder, une Constitution est « un bloc ».

Et je note l'étrange fortune politique de ce mot, qui va de la bouche de M. Clémenceau sur les lèvres d'un Roi.

« La Constitution de 1869 a tout au moins cet avantage qu'elle se compose de lois étudiées et fabriquées par des hommes politiques qui sont aujourd'hui répandus et classés parmi tous les partis qui nous divisent. Comment ces hommes pourraient-ils déclarer aujourd'hui mauvais dans l'ensemble ce qu'ils ont trouvé bon en détail, et combattre ce qui est leur propre ouvrage ?

« Si elle élimine quelques-unes des libertés dont on ne savait pas encore la pratique, et, entre autres, cette autonomie communale que la France elle-même n'a pas encore admise ; si elle supprime, et cela a l'air « bien réactionnaire », l'inamovibilité des juges, ce qui est indispensable étant donnés leurs antécédents, elle maintient l'essence du peuple, et ce qui lui est le plus cher, la Skoupchtina. Ce qu'il faut, vis-à-vis des radicaux, c'est montrer à leurs chefs qu'on peut gouverner sans eux, c'est être impitoyable pour « l'élément braillard » qu'ils traînent à leur suite, et rallier le reste.

« Le Ministère est avec moi, le Conseil d'État composé d'hommes sages : je veux, je vais personnellement ramener la concorde, l'ordre régulier, le mouvement des affaires, de l'industrie, du progrès, la confiance des capitaux, et établir solidement tout ce que ce pays offre de matière et d'avenir. Après, nous verrons; ma tâche d'aujourd'hui est de déblayer le terrain avec un ardent amour pour la patrie serbe et le désir d'y laisser de toutes mes forces des traces de ma vie. »

Le Roi s'est levé, et de nouveau me tend la main ; il est plus de midi.

Dehors, dans la cour du Palais, des voitures, la livrée bleu de ciel et les bicornes à panaches, des officiers, des citoyens, des paysans, sous un admirable soleil. Et je rentre, en songeant à tout ce que peut rencontrer et réaliser d'heureux destin, en ce petit coin de l'Europe vieille et lasse, un pays qui n'a pas encore quatre-vingts ans d'existence, ainsi compris, aimé, épousé par un Roi qui n'en pas à dix-huit !

IV

LE ROI MILAN

IV

LE ROI MILAN

Ma courte visite au roi Milan a eu un lendemain. Je l'ai revu plus officiellement, et dans cette atmosphère qui sied à son rang comme à l'exercice de ses facultés, rapatrié dans son origine, son milieu et cette douce verdure de Serbie, il est vraiment « autre ».

Au premier étage du Palais luisant de modernité, après avoir gravi l'escalier de bois ouvré et verni, d'un effet pittoresque et pourtant imposant. Dans un vaste cabinet de travail, dont la fenêtre de milieu, entr'ouverte, laisse entrevoir au loin Semlin, la sentinelle d'Autriche.

Devant sa table, surchargée de papiers et d'albums, ayant à portée de sa main le coffret à cigarettes où sans trêve il va puiser, et un verre d'eau claire, qui n'est pas, je suppose, l'eau de ce beau Danube, bleu seulement dans la vision valsante de Johann Strauss, le roi Milan est assis, et tout de suite, avec le charme insinuant, mais supérieur, d'un hôte heureux de vous accueillir et préparé aux mots dont il sait faire une redoutable escrime, il me dit :

— « Oui, par le décret du 17 avril, je suis rentré dans ma patrie, et c'est, comme vous le pensez, d'un cœur impatient que je reviens ici obéir aux ordres du Roi.

« Resterai-je à Belgrade? Je ne sais, il se peut que j'aille m'installer à Nisch, dans cette ville, la seconde du royaume, où j'ai tant d'amis et que j'affectionne fidèlement; je ne dis pas non plus que je renonce à la tentation des voyages; je suis fixé en Serbie et non point rivé, mais en tout état de cause j'ai renoncé à Paris, je n'y résiderai plus.

« Cela vous semble impossible et même un peu ingrat? Soyez assuré, au contraire, que je sais garder à Paris un souvenir reconnaissant, profond; j'y ai passé mes années d'enfance, j'y ai vécu les heures d'exil, j'y laisse des amitiés chères, — mais j'y ai connu une souffrance, qui, pour certaines âmes, n'est pas des moindres, celle de se sentir comme enveloppé de suspicions et sous l'accusation sourde de ne pas payer les bons procédés de retour, de n'être pas vraiment l'ami de ce peuple qui m'avait fait un foyer. Le dirai-je? Sans accuser personne, sans me plaindre, je n'ai pas rencontré toujours chez quelques-uns de ceux qui dans la presse créent l'opinion, la générosité chevaleresque, l'hospitalité dans toutes ses nuances, qui sont la coquetterie et la tradition de la France.

« Laissons ma personne; ce qui m'est sensible, ce qui m'a heurté comme une injustice cruelle, c'est cet entêtement à dénaturer mes pensées sans qu'il y ait un acte à invoquer contre elles, à me dépeindre comme hostile à cette France dont je respirais l'air ou à ses amis, quand, au contraire, en toutes circonstances, pressé de saisir toutes les occasions, je me suis efforcé de mettre mes sympathies au jour.

« De la politique étrangère de derrière la tête? des prédilections et je ne sais quelles manœuvres secrètes? Voyons, vous n'y croyez point; j'affirme très haut et avec un peu de pitié pour de telles imaginations, que tout cela est faux, et d'ailleurs la police du gouvernement de la République était assez bien outillée pour démêler le vrai, et savoir que mes attaches extérieures étaient presque nulles.

— Mais, sans doute, Votre Majesté songe maintenant à s'affranchir de cette réserve que lèvent les événements, et d'une obligation si passive?

— Non point. Ici, pas plus qu'à Paris, je n'ai de politique à nouer ou à conduire. Je n'en ferai pas, je n'en vois pas, je n'en patronne aucune.

« Mon retour en Serbie n'en a pas moins, paraît-il, suscité des inquiétudes empressées. J'ai lu, hier, dans un journal, que ma rentrée à Belgrade est un gage de troubles et de fièvres, que ma présence redouble les difficultés de la situation et que je vais travailler à en tirer profit. Revenir à Belgrade pour conspirer! Cela fait sourire comme une plaisanterie surannée, et la thèse en réalité sent son vieux temps, celui où il n'y avait ni communications, ni télégraphe; comme si les amateurs ne pouvaient aujourd'hui conspirer aussi bien, mieux même, de Paris, de Londres et de la Chine! — et, par surcroît, c'est une injure.

« Ce qui est la simple vérité, et la meilleure, c'est que je reviens parce que je suis heureux de revenir, parce que la Serbie c'est ma patrie, et pour me mettre à la disposition du Roi. Je n'ai à jouer, ici, aucun rôle politique, ni un grand ni un petit, je resterai systématiquement, jalousement à l'écart, et je tiens tellement à ce qu'aucun doute ne puisse germer sur ma résolution et sur mon attitude, à ce que l'on me sache dûment étranger à toute autorité, que pendant le voyage prochain du Roi à Constantinople, sa visite de politesse au Sultan, je me retirerai moi-même de Belgrade.

« Le Roi, mon fils, nourrit à mon endroit les sentiments d'une affection tendre que je lui rends, tout surnaturels que de pareils sentiments puissent paraître en ce temps; il m'aime comme je l'aime, et d'aucune manière, qu'on l'entende bien, je ne veux exploiter cette affection ou m'en faire un instrument politique. Ce serait une indignité dont la supposition seule dégoûte l'esprit et le cœur. »

Sur cette énergique parole, le roi Milan s'est levé; il marche à grands pas, un pli sur son front d'un mat égal; puis revenant s'asseoir, une main sur le fauteuil aux armes, avec un sourire ferme, et d'une parole où passent tour à tour l'inflexion caressante d'Orient et une netteté incisive, il reprend :

— Hors de moi et sans moi, le Roi accomplira la tâche qu'il s'est imposée. Ce qu'il veut, c'est éteindre l'esprit de parti, l'irritation de la lutte. La Constitution de 1869 lui permettra la réalisation d'une telle œuvre ; c'est ma Constitution à moi.

« Le plus sûr, en effet, était de revenir à elle. Elle a le privilège de ne pas laisser un instant en suspens les rouages de l'administration, de ne provoquer ni incertitude ni inquiétude. Avec elle, pas de point d'interrogation ; du jour où elle rentrait en vigueur, chacun, de suite, citoyens et autorités, savait où était son chemin et son devoir. Elle rétablit le scrutin d'arrondissement, ainsi qu'on l'a fait chez vous, après l'épreuve du scrutin de liste ; elle offre aussi l'avantage assez divertissant, et où un esprit parisien peut trouver du sel, d'exclure du Parlement les avocats et les fonctionnaires en l'ouvrant tout grand au peuple.

« Aussi bien le temps des fauteurs de trouble est fini, de ceux qui s'en allaient en face, à Semlin, porter pour l'Europe, au télégraphe, des dépêches dont tous les mots sont des mensonges.

« Maintenant le Roi a tout dans la main. Ne vous a-t-il pas paru fort intéressant, ce jeune Roi, très sérieux, très désireux de bien faire, lui qui aurait vécu même avec les radicaux si seulement ils avaient eu le sentiment des égards qu'on lui doit, et seulement un peu de politesse? Le but que le roi Alexandre ambitionne, c'est la conservation intérieure. Ce qui se passe au dehors, est-ce que la Serbie a à s'en occuper? En 1854 et en 1866, nous avons eu la guerre à nos portes, et pas un soldat serbe n'a eu à bouger. Non, la Serbie ne veut pas être, elle n'a jamais été, depuis qu'elle existe, une cause de complication pour l'Europe; mais mal placée, dans un cadre difficile, si elle lutte, c'est pour sa vie propre, et c'est pour cette vie là que le Roi travaillera.

— Mais, dis-je, il importe que rien ne vienne détourner le Roi de cette œuvre entreprise... Ne parle-t-on point d'agitation anti-dynastique? Votre Majesté a-t-elle eu sous les yeux un article ému du prince Bodigar Karageorgevitch dans le *Figaro,* et la déclaration récente du prince Alexis ?

Et à cela, pour finir l'entretien, le roi Milan réplique vivement :

— « Si je vous déclarais d'emblée qu'Alexis Karageorgevitch n'a pas de droits, vous pourriez sourire. Mais voici la vérité. Toute dynastie appuie ses droits sur un acte public, intérieur ou international. Les Karageorgevitch n'en peuvent fournir. La lutte pour l'indépendance de la Serbie a eu deux héros, Karageorge et Miloch Obrenovitch, mon ancêtre. Tous deux, à la suite de leur vaillance, ont exercé le pouvoir. Mais Karageorge n'a eu pour titre que celui de « chef suprême » et il n'en a jamais porté d'autre, il n'a pas été prince, l'hérédité n'a pas été proclamée pour les Karageorge, elle ne leur a pas été reconnue, tandis qu'elle l'est pour les Obrenovitch; elle résulte d'actes divers, de constitutions, de traités, et le dernier en date est celui de Berlin.

« Il ne peut y avoir de droits au trône de Serbie là où il n'y a pas d'hérédité, de prétendants là où il n'y a pas de prince, et, par surcroît, Alexis, qui s'appelle tout uniment à Belgrade M. Alexis Karageorgevitch, et dont beaucoup de Serbes apprendront aujourd'hui seulement l'existence, n'appartient même pas à la branche qui a régné!

A ce moment entre un aide

de camp. Il est tard, et le roi Milan va se mettre à table, avec « son fils ». Je traverse les longs vestibules mosaïqués, escorté de soldats; l'écho d'une musique cachée dans le palais résonne, — et revoici la « Milanova Uliza », la grande rue de Belgrade, la rue du Prince Milan. De l'artillerie qui défile emplit toute sa largeur, et avec émotion, comme une apparition délicieuse de chez nous, sur ce sol étranger, je me surprends à saluer le drapeau serbe, — bleu, blanc et rouge!

V

BELGRADE

V

BELGRADE

Ville ouverte à l'air, d'où s'élimine tout ce qui fut le passé. Un seul vestige demeure des temps héroïques, la vieille citadelle, sur son escarpement broussailleux.

Et c'est à elle que je suis allé d'abord. Ces maçonneries branlantes ont vu ce qui ne meurt point, la passion de la liberté. Là-bas, c'est le Mont Avala, avec, à ses pieds, le tapis des plaines du Danube : mais ces plaines où triomphent aujourd'hui les troupeaux et les carrés de maïs, ont tremblé sous les hommes rudes qu'entraînaient Miloch et Karageorge.

Par des meurtrières que la vigne dévore, on plonge jusqu'au fond d'un abîme qui semble avoir gardé, par endroits, des blancheurs d'ossuaire. Que de gibets dressés sur cette place, que de cols nus tranchés là, au cimeterre! Les chaînes énormes de ces ponts-levis ont roulé pour faire des martyrs, ces voûtes épaisses ont entendu le cri de la Patrie; et à présent, ce sont les forçats, qui traînent leurs boulets, sur cette terre sacrée!

Des monceaux de verres cassés, des ordures, des déchets que fouillent les chiens; des hardes sur l'herbe brûlée; l'abandon et la profanation.

Tout près cependant de ces pierres vénérables, le jardin de Kalimegdan, dessiné à la parisienne ; il est entretenu avec fidélité, lui, il est fleuri avec vigilance; c'est le rendez-vous élégant, c'est le tremplin des nouvelles couches.

Des hauteurs où il est perché, on distingue d'abord le « Konach » étincelant ; puis l'œil s'exerce, et voici les ministères, sous de tout petits toits : celui de la guerre tiendrait dans une boîte à soldats; plus loin, on m'indique, d'un geste vague, la maison à volets verts où s'est réfugiée la reine Nathalie, et là-bas, paraît-il, c'est la Skouptchina, une baraque de planches goudronnées, sortie pauvrement de terre, comme par une improvisation.

Je redescends, heuté pris au ventre par les cahots brusques de la voiture; l'interprète qui arrondit son dos sur le siège, par instant se retourne et me jette le nom des rues, la Mikaïlova, la Dubrovaka, larges et confortables; un tramway établi par une Société française passe à grands coups de timbre; les devantures et les étalages se succèdent.

Où sont les nombreuses petites échoppes turques où se vendaient les feredgés aux nuances si tendres, les chapelets d'ambre, de rubis et de turquoises, les harnachements à houppes blanches, les ceintures et les gaînes, les pipes aux longs tuyaux de merisier ou de jasmin, les verroteries et les cassolettes?

Quelques-unes ont bien résisté sur le seuil de la ville, dans les faubourgs aux montées roides, mais ce qui l'emporte c'est le produit nouveau, déballé de Vienne, et pris aux stocks qui filent sur la Bulgarie, la Dalmatie, la Bosnie.

Curieux, — pour deux, — de quelqu'une de ces broderies serbes, où les fleurs si divinement s'enlèvent sur des gazes légères, et qui sont d'un ornement exquisément fragile, comme le désir lui-même, il m'a fallu, pour en découvrir, l'indication presque confidentielle d'un ami. J'ai voulu recueillir aussi des vues de Belgrade, des paysages, des souvenirs, impossible d'en trouver, il n'en existe pas à vendre, on n'y a pas songé.

Et rien non plus, pas la moindre friandise locale si ce n'est de petits couteaux en triangle, dans les grands bazars où tout s'entasse, — même des cercueils vernis en blanc avec la croix et des motifs d'or : singulière apparition dont ne s'effarouche point cette âme slave de Serbie qui a été la première à s'ouvrir au christianisme, et qui sait ainsi, au milieu même de ses expansions, vivre, comme en un privilège saisissant, amicalement avec la mort.

En revanche, tout le choix connu des « occasions exceptionnelles », mais avec dans l'offre et la transaction quelque chose de particulièrement charmant, d'un peu attendrissant même, — une ingénuité commerciale, un dédain peut-être, qui, par miracle, feraient sourire de pure pitié la vendeuse du Bonheur des Dames!

Comment, en cette mêlée internationale des choses, la Rue a-t-elle pu sauver son caractère? Le magasin est de tous les pays, mais le passant est bien Serbe.

J'ai noté déjà la pittoresque expression de son costume : il emplit toute la ville, l'anime; le paysan aime sa capitale et la pratique souvent; à côté des voitures de station, qui savent filer au trot délié de deux petits chevaux hongrois, ses charrettes à jour, meublées de paille, défilent pesamment...

Les femmes de classe distinguée, — la vie mondaine n'est point d'ailleurs, paraît-il, fort en train à Belgrade, se montrent avec quelque parcimonie, comme sous une dernière influence d'Orient, ne sortent volontiers que pour de fugitives apparitions au parc de Kalimegdan ou dans les allées de Topchider : mais les femmes du peuple vivent au dehors, se dépensent, agissent, et elles aussi maintiennent le costume d'une grâce si prenante;

— le madras de velours noir ou de soie joyeuse, tordant les cheveux pleins de clairs reflets; la veste aux tons mauves et scintillante, ou le corsage à brandebourgs sous lequel ondule et ploie la poitrine robuste et la taille libres d'entraves; la jupe ample, plissée, voletante, et le tablier, presque un tapis, aux mille couleurs enchevêtrées.

Et c'est vraiment ainsi le pays lui-même qui palpite là, et c'est sa plus pure essence qu'il offre au visiteur.

Six heures.

Que de cafés à la turque pris déjà dans les petits godets! que de « stolkas », de sorbets, et sous la dent que de pistaches grillées! C'est l'heure de la promenade paresseuse à Topchider.

A la sortie de Belgrade, sur les terrains de manœuvre, un parc d'artillerie, avec les sentinelles près des canons de Bange du dernier modèle, qui luisent comme des bijoux, au couchant; plus loin, des cavaliers faisant la voltige sous les yeux de leurs officiers, dont beaucoup ont passé par Saumur; plus loin encore, des tentes plantées et des hommes d'infanterie à l'exercice, droits sur la semelle épaisse de leurs bottes; des brasseries, des usines, le sifflet d'un train sur un pont construit par Decauville, — et puis, tout d'un coup, le fond d'une vallée, le mystère des bois, un parfum de roses et de muguets, le silence, l'immense paix de la nature et du soir, et sous la verdure des platanes séculaires, au milieu d'un jardin qui rit, une petite maison...

C'est la maison de Miloch Obrenovitch, du premier Obrenovitch, celle qu'il n'a jamais quittée et que son souffle habite encore, dirait-on ; lieu sanctifié de pèlerinage, où l'on vient revoir et toucher toutes les reliques qui l'ont connu.

Dans sa chambre à coucher, à rideaux verts déteints, très basse, voici son lit, l'oreiller sur lequel il est mort, son fauteuil, ses vêtements soutachés d'argent, sa robe de chambre, sa casquette, une paire de bottes qu'il a raccommodées lui-même ; de ses mouchoirs, des chemises, ses armes, des lunettes, les collections de fruits serbes qu'il s'était plu à faire mouler, un morceau de pain trouvé dans un tiroir après sa mort, son masque en cire et, au-dessus du lit, un portrait de lui...

Et tandis qu'autour de moi on marche sur la pointe des pieds, la grandeur de cette humble demeure, sanctuaire du patriotisme et de l'indépendance serbes, me pénètre, et je ne peux détacher mes yeux ni mon cœur de l'image de cet homme qui ne sachant ni lire ni écrire, humble meneur de porcs aux champs, a trouvé d'un seul coup toute la science vivante dans son inspiration de héros, et qui reste la preuve immortelle de ce que peut faire surgir la Patrie.....

Mais lentement la nuit descend ; au retour, la haute cathédrale de Belgrade se dessine dans une ombre très douce.

J'ai prié à dîner à l'hôtel, sous la véranda, un compatriote qui s'est improvisé vite ami précieux ; à quelques pas de nous, M. Militchevitch, chef du cabinet de S. M. le roi Alexandre, dont la courtoisie est si hospitalière. Je goûte au sterlet du Volga et au schill du Danube, au vin rouge de Negotine et au blanc de la Joupa, les vins serbes au subtil bouquet. Nous causons, les coudes sur la nappe, tandis qu'à une table voisine, au milieu des diplomates qui se retrouvent là régulièrmeent à dîner, Italiens,

Autrichiens, Allemands, Belges, Russes, je reconnais un des nôtres, M. Tenaille-Saligny, avec son chien roux et son appareil photographique.

— Eh bien ! dit mon hôte, qu'augurez-vous de notre existence ici ?... Pourtant on s'y fait. Elle est d'ailleurs fertile en surprises ; les intrigues de la politique vous consolent de toutes les autres, qui manquent, du moins à des étrangers. De quoi pensez-vous que l'on parle autour de nous, sauf à la table des diplomates qui doivent tout ignorer et peut-être abusent de ce devoir ? Politique, rien que politique ! Vous connaissez, trop peut-être, les hommes de ce pays, les Ristich, les Grouitch, les Patchich? Mais il y en a d'autres, munis d'une forte clientèle et qui bataillent sur toute la ligne.

« Il y a d'abord M. Garachanine, ancien ministre-président, directeur du plus important journal serbe, *le Videlo*, dans lequel se trouve la lettre même de la politique progressiste. De haute taille, les cheveux puissants, avec un visage comme à coups de serpe, mais qu'anime l'intelligente chaleur d'un regard qui a beaucoup vu, c'est une personnalité. Élève de Sainte-Barbe et ancien élève de l'École d'application de Metz, il est, je crois, sur le point d'être nommé ministre à Paris. C'est un austrophile déclaré. Je l'ai entendu un jour expliquer ainsi les raisons de cette préférence. « La posture physique de la Serbie, me disait-il, n'est guère favorable. Si je pouvais prendre mon pays sur les épaules et le transporter au gré de mon amour pour lui, je lui chercherais d'autres voisinages. Mais il faut vivre avec ce qui est. L'Autriche est de notre contact immédiat, et la ville de Semlin est notre seule fenêtre ouverte sur l'Europe ; c'est par elle que nous arrive un peu d'air moderne ! Si l'Autriche est l'unique puissance qui nous puisse avantager, elle constitue aussi pour nous le danger le plus immédiat ; d'un moment à l'autre, sans transition, elle peut nous le faire éprouver. Ne pas tenir un compte scrupuleux de cette situation, c'est s'exposer à des surprises fort désobligeantes. »

« Tout autre est M. Ava-Koumovitch, le leader des libéraux. Un jurisconsulte éminent, grisonnant, la barbe court taillée, la voix prudente. Quelque chose d'un Jules Simon des Balkans. Il s'est rallié, mais sa sympathie est une sympathie d'expectative.

« Quant à M. Nicolitch, ancien ministre des Affaires étrangères et radical en vedette, c'est un charme de causer avec lui, parce qu'il met au service de la politique déformante le langage d'un artiste. Il fait emploi d'un français charmant, et plus d'une fois, tandis que je l'écoutais, en sa petite maison, les yeux sur

6.

ses yeux pleins de reflets, et d'un brun, bon compagnon de celui de sa barbe, j'ai songé à cette vérité, frappante sous ses manières de paradoxe, que lorsqu'un étranger parle bien le français, il le parle mieux que nous tous aujourd'hui...

— Oui, il l'a appris dans Bossuet et dans Voltaire.

Autour de nous les bouchons sautent, — et je m'aperçois alors que sur la bouteille de Pomard apportée à la fin sur notre table, on a fiché, ô ironie de vandales, un bouchon que domine un petit Gambrinus de plomb !

— Et où achèvera-t-on la soirée ?

— Il y a le théâtre, une troupe serbe, sur la place où s'élève la statue à cheval du prince Michel. Tout auprès, le Kolaratz, qui met dans la nuit un bruit de voix, de verres choqués et d'orchestre ; musique aussi, et cithares albanaises, chez Perolo, sous les lustres à quinquets ; allons au concert de la Slavia ?

Pendant le dîner il a plu ; et maintenant contre la chaussée stagne un limon flave sur lequel ne peut rien le ciel redevenu bleu. Le pavé retentit sous nos talons comme dans la solitude ; çà et là, des ombres glissent en l'obscurité qui pèse. Nous gagnons l'autre extrémité de la ville ; d'une guinguette qui projette au loin, sur un terrain vague, son point lumineux, s'échappe comme un roulement de chars dans la nuit : c'est un kolo qui se donne là, le kolo national, une longue farandole à piétinements ; tout d'un coup, deux silhouettes étranges surgissent devant nous : ce sont les « Pandours » aux aguets, le doigt sur la détente d'un long fusil, et à leur cri : *stoï, stoï,* il faut s'arrêter. Enfin, presque en rase campagne, des globes roses qui semblent là comme des fleurs fantastiques, un mystérieux amas de hauts chênes que le vent fait frissonner, c'est « la Slavia ».

Deux scènes, édifiées sous les arbres séculaires, qui font des dômes ténébreux.

L'une exhibe des chanteuses allemandes, aux bras énormes, avec des corsages vert tendre sur des jupes de soie cramoisie ; des comiques fardés et des clowns d'intermède. Pour un « dinar » ou un ducat autrichien sacrifié d'emblée, on élude les insistances cajoleuses des quêtes ; le public, d'ailleurs, ne semble point s'inquiéter de cette formalité ; tout à la joie, des soldats, le bock au poing, tempêtent en maîtres ; quelques-uns soupent à grand renfort de moutarde ; des femmes en cheveux, qui pourraient être de la Villette, s'agitent sur des genoux qui les serrent, et voici un personnage, à favoris et à long nez, que dans le vacarme des vaisselles et des rires on se montre avec considération, — c'est le valet de chambre parisien du roi Milan...

L'autre scène est dans un renfoncement, toute petite, presque sans clientèle, avec à ses pieds les tables rondes rangées et couvertes de leurs nappes rouges. C'est pourtant de cette scène-là, dédaignée de la foule, qu'une émotion rare m'est venue, et c'est auprès d'elle que je me tiens.

Quatre hommes groupés dans l'ombre, et puis tout d'un coup un chant grave, lent, monotone. La plainte funèbre d'un violoncelle l'accompagne, la vibration d'une corde unique, aux sons lourds comme le tocsin, le soutient...

C'est un « Pesmé », un de ces chants serbes par lesquels le peuple se relie aux héros de son histoire, et ce qu'il dit, en ce temps encore, dans cette nuit, étrangement, profondément, ce sont les tristesses de l'occupation turque.

Je l'écoute, et mon âme est prise par la douleur qu'il répand. Admirable douleur, — la gloire même de qui l'éprouve ; entendre trembler, pleurer, gronder un de ces Pesmés, le soir, sur la vieille citadelle, ce serait la voix sainte de ces choses ! Et l'heure coule sans que je puisse quitter ma place, et la Slavia se vide, tandis que je suis toujours là. On ferme, on rentre, tout s'éteint ; par la ville noire, je vais, à pas lents ; la voix a disparu dans le silence, mais elle est en moi.

VI

PIROT ET TSARIBROD

7

VI

PIROT ET TSARIBROD

Une fois qu'on a vu le Roi, il n'y a plus rien à Belgrade. Je m'étais plongé avec délices dans cet inconnu, et voici que j'ai hâte de m'en évader. L'Orient-Express m'emporte à huit heures du matin vers la Bulgarie, et les glaces à bas, dans l'air contrarié qui me fouette, je prends du pays serbe, comme d'un bouquet qu'on hume.

Les prés m'envoient une odeur fine, qui presque déjà contient celle des foins ; au bord du sillon, des files de paysans, échelonnés à l'indienne, tout éclatants de linge blanc, vous regardent passer, penchés sur les faux ; d'autres voûtent leurs dos parmi les hautes feuilles de tabac, et sur les trèfles qu'elles écrasent, des vaches font leur sommeil.

Paysages d'agreste et de riante idylle, au bout desquels aussitôt règne une terre sèche, fendue dans son inculture, et désolée ; des villages bâtis en boue durcie, où les porcs noirs vivent avec l'homme ; aux fenêtres à ras du sol et qui donnent sur des flaques de purin, des maïs en guirlande et des piments en chapelets ; partout, à côté de la petite gare que dirige un chef curieusement fier de sa casquette à bande de velours vert, l'enclos pour l'embarquement du bétail et rien, rien autour de ces pauvres apparitions de vie civilisée, que des étendues pauvres, sous un azur chamarré de soleil.

Avant Nisch, la vallée de la Morava, qui tantôt roule au large ses eaux d'un rouge de brique, et tantôt à sec, découvre des îlots où viennent se percher les corbeaux. Mais soudain des vestiges de forteresses, des « palankas » démantelées; des maisons mauves avec des arceaux et des portiques à l'italienne, des docks, des casernes, des rues que traverse un mouvement de peuple et de carrioles, un buffet, — Nisch, la résidence d'été du Roi.

L'embranchement de Salonique est inscrit là; l'Express-Orient qui arrive de Constantinople, rencontre celui qui y va et c'est une intéressante complication que le spectacle de ces deux monstres parallèles, semblables, avec des têtes aux portières, tous marmitons dehors, et dont l'un porte envie à l'autre.

Enfin, le train de Paris dérape, enlevant une Anglaise en chemisette bleue qui arrange ses cheveux dans le vent, et je songe à la « pauvre Margaret », entrevue pendant une excursion ici, et qui doit toujours chasser les scorpions, sur les lits. Mais tandis que je regarde au loin, vers la ville, mes yeux s'accrochent à des hauteurs, confuses d'abord, que le soleil doucement embrume, et qui, en se prolongeant s'accentuent, s'étirent dans l'espace, puis s'élèvent jusqu'à faire présager l'énorme : c'est la première manifestation des « Balkans », c'est-à-dire des montagnes, et depuis Nisch, la chaîne mystérieuse et terrible ne nous quittera plus.

Presque immédiatement, nous sommes dans ses flancs, capturés, écrasés par elle : la ligne serpente avec audace à travers les gorges de Sitchevo.

Des rocs rapprochés, enchevêtrés, dardent vers nous leurs aiguilles qui se hérissent ; des masses de granit semblent nous barrer indomptablement la route, et sont tout d'un coup vaincues, par une percée invisible; pas un brin d'herbe, pas un oiseau; la montagne tragique, avec des parois qui vous versent la nuit, des cavités fantastiques, des antres prêtes à vous happer. La Nichava, en furie, écume hors de son lit, et on ne l'entend point, dans le bruit décuplé du train qui gronde, siffle comme en alarme, et râle.

Mais tout d'un coup, sans transition, au sortir de cette effroyable beauté, des verdures tendres; la grâce d'une campagne joyeuse, tout de suite après le chaos. Et je rencontre là cette sensation qu'éprouvait et nous a rendue, dans sa symphonie, le divin Beethoven, disant le chant de l'alouette et le chant du rossignol après la tempête.

A l'extrémité de cette vallée qui sourit, la petite ville de Pirot, pleine de métiers à tisser et d'établis d'orfèvres. Des tapis épais, des ceintures brodées, des filigranes d'or? on en étale jusque sur les marchepieds, la Serbie qui va finir a comme une hâte encore de vous laisser quelque chose d'elle, — et dans un repli de terre, voici Tsaribrod, où brille le fusil de la première sentinelle bulgare.

Presque adossée à la montagne, de nouveau âpre et grise, une gare de planches.

Quatre heures. Je suis dans le pays sur lequel hier s'abattait le gourdin de M. Stambouloff, — et pourtant, debout derrière le comptoir de la buvette, on me signale une héroïne de la vertu courageuse, certaine belle fille qui osa résister au dictateur : elle est blonde comme la bière que bras nus elle sert en mousse, et la toile rose de son corsage gode sur une chair ferme qu'on entrevoit.

Autour d'elle, dans la salle obscure, des gendarmes, des contrôleurs de la police, mais immobiles, adoucissant comme par ordre l'acuité de leurs yeux sombres, spectateurs platoniques.

Dehors, sous l'horloge du quai, avec dans l'imagination des fantômes de Bachi-Bouzouks, je regarde le seuil de la Bulgarie qui s'ouvre : il est austère, d'un calme grandiose et donne à qui va le franchir l'impression d'un décor d'épopée. Puis, dans le wagon réintégré, machinalement, je feuillette un guide :

— Les Balkans étaient connus des anciens sous le nom de Mont Hoemus... La superficie de la Bulgarie proprement dite est de 63,972 kilomètres; celle de la Roumélie Orientale de 35,900 kilomètres;... le recensement du 1er janvier 1888 a fixé le chiffre de la population, à cette époque, à 3,154,375 habitants, ce qui donne une densité de 31,7 habitants par kilomètre...

Et le livre me glisse des mains, comme fait la brochure de *Phèdre* ou de *Britannicus* pour le monsieur qui l'apporte au Théâtre-Français et prétend suivre. La réalité parle plus haut que les lignes, la lettre insipide a tort devant l'esprit des choses, et je reviens à elles.

Encore des champs, mais conquis par bêche et pic sur les quartiers de monts ou sur la bourbe des marais; passionné pour ses outils dont l'arsenal au complet serait son unique fierté, bravant les fièvres, sans autre lumière en sa cabane que celle du soleil qui le règle, le paysan bulgare a réussi des merveilles au sein de la nature la plus abrupte où chacun est petit propriétaire. Des noyers gigantesques prospèrent au bord d'un précipice; des légumes de jardin se lèvent, hardiment logés, sur un pont croulant; près d'une petite station où l'on stoppe, un cerisier en plein garage, et pendant la halte du train un commis de cuisine, descendu avec une assiette, s'en va le secouer pour le dîner, et revient vite, emportant vers nous une cueillée resplendissante et fraîche.

Mais brusquement tout disparaît, tout a fui devant l'insurmontable; plus une hutte, plus une guérite à berger, plus une de ces petites fontaines, dressées çà et là, et où pendent des courges sculptées en tasses : les défilés de Dragoman.

C'est jusque-là, dans l'entassement des masses calcaires, que les soldats serbes se sont avancés, il y a dix ans; encore quelques étapes, et Sofia était surprise, si enfantés par cette heure suprême, des héros tout d'un coup n'avaient surgi dans les pauvres gens. Montés à trois sur un seul cheval, armés de fusils à silex et de fléaux, avec des clameurs où passaient la frénésie des « haïdoucks » poussés dans les temps anciens, quand sans ordre de bataille, formidables seulement par l'impulsion de la patrie, ils ont paru, — l'ennemi, saisi d'une épouvante superstitieuse, a reculé et s'est évanoui parmi les rocs.

Rapide vision d'un cirque pour combats géants, noble page écrite sur une table de pierre.

Et comme si la clef même du pays gisait bien là, dans le secret des abîmes, dès qu'on les a traversés, le pays se livre tout entier, sans défense, en l'immensité profonde d'une prairie. Insensiblement les Balkans se sont abaissés, les Balkans s'interrompent, il n'y a plus que de l'herbe verte. Une mer d'herbe qui ondule aussi loin que porte l'œil et pendant des heures, des heures.

Cependant, à table, le moment est venu de goûter aux cerises si joliment fournies par la route ; le dîner s'achève, un cigare et j'atteindrai Sofia.

Mais quoique la ville soit proche, sur la plaine qui s'évase, l'herbe verte monte plus haut encore, sans une foulure, vierge. Et cette plaine est reposante. Avec elle au moins, l'horizon est clos, on ne se demande point ce qui se passe de l'autre côté, on n'a pas le souci de l'autre versant, et tandis que le soir tombant traîne peu à peu son voile sur tout cela, il me semble rentrer dans une paix douce de logis...

VII

SOFIA

VII

SOFIA

Sofia, — au milieu de la prairie où roule l'Isker, au bout d'un échelon des Balkans, abritée par le mont Vistosch plein de cascades.

La ville commence après un pont que gardent des lions d'or accroupis sur leurs socles. Et tout de suite, des mosquées au rose déteint, et d'autres décapitées de leur coupole disent son passé.

A l'entrée, des rues anciennes, grouillantes de tziganes, de juifs espagnols, de Turcs à turban olive qui ont fait le pèlerinage de La Mecque, de Macédoniens, de Dalmates; sur les trottoirs aux durs pavés, sur la chaussée, sur les marches des boutiques emplies de salaisons, dans l'odeur des quartiers de viande fumée, de l'alcool, des friperies de bazar, couchés en travers ou par groupes d'une immuable paresse, des êtres étranges, vêtus et guêtrés de guenilles éclatantes, au teint de bronze et de safran, aux yeux de charbon, leur poitrine osseuse et velue à l'air: débris du grand caravansérail des races d'Orient, miettes des nations d'alentour tombées de l'Histoire, qui jonchent le seuil de la Ville et lui font comme une avant-garde.

Puis, à mesure qu'on s'enfonce, un flot de peuple en touloupe à la russe ou en fustanelle nationale, — la longue houppelande de flanelle blanche, passementée d'arabesques noires; les types bulgares aux cheveux châtain blond, plus robustes que beaux, disant la terre qu'ils travaillent: paysans à l'aspect calme, rangé, qui évoquent l'idée de la famille constituée et de l'intérêt très entendu.

Ils apportent à la ville des agneaux, des seigles et des maïs; sur leurs charrettes rudimentaires ou sur leurs ânes bâtés, passe l'approvisionnement des marchés.

Auprès d'eux, leurs femmes

au long voile blanc attaché par une fleur rouge, ou un peigne brillant, sous les tresses qui leur pendent au dos, en jupes d'un gros drap bleu tissé par leurs mains, jupes courtes, festonnées de blanc, ouvertes sur le côté, et montrant la jambe, ficelée de blanc aussi jusqu'au jarret.

Elles ont la démarche sérieuse et les yeux lents. On n'entend pas leur voix. Elles ne regardent personne. Elles ne sont point. Ce sont des femmes de somme. J'en ai vu pourtant qui, doucement, souriaient, en passant, de toutes leurs dents éblouissantes, à l'un de ces pauvres déshérités, dégénérés de la race, difformes et branlants par les rues, qu'on appelle « les schops ».

Mais brusquement, tout s'élargit et s'éclaire.

Voici la Ville nouvelle, qui, en dix ans, a surgi sur les ruines de celle qu'ont bouleversée l'incendie, les tremblements de terre et les massacres.

Elle a envahi l'immense prairie, elle conquiert la plaine. En tous sens, on bâtit; des maisons reluisantes, puis des espaces vides, de l'herbe, et des maisons encore, et des monuments épars, dressés comme des pavillons blancs sur quelque pelouse anglaise.

Non loin des restes de l'église Sainte-Sophie, qui eut pour marraine une princesse byzantine, et dont la forme en croix apparaît encore sous les ronces, dévoratrices des pierres assombries, l'Imprimerie nationale pour laquelle des millions ont servi, et qui représente là l'Usine du progrès ; la Banque Bulgare allonge sa façade ouvrée ; le Ministère des Affaires étrangères détache avec éclat l'importance de sa modernité : c'est un privilégié, à côté duquel se fait valoir la modestie agreste des bureaux de l'Intérieur, — un petit rez-de-chaussée de bois verni, fleurant encore la forêt, embrouillé de fils télégraphiques, avec des couloirs de planches nues où traîne l'odeur des lampes à essence.

Mais les palais ne dominent point la Ville ; la Cathédrale elle-même, verte et blanche, sans cloches, — elles sont accrochées en carillon sous une gloriette voisine et à portée du passant, n'est point dominatrice : et ainsi l'on dirait une ville couchée très bas, encore près de la terre, et avec ses toits d'un rouge vif, dans la première toilette de l'enfance.

Ni gaz, ni tramways. Pourtant la poussée moderne est active, la vie impatiente de tout progrès. Laborieux, pittoresque mouvement d'une ville où le génie de l'Occident combat la douceur des choses, et où trente mille habitants parlent de l'avenir.

Quand on a franchi la zone de Bohême, des marchands de meubles et de nouveautés forcent l'œil par de savantes enseignes ; des tavernes à écrevisses et à musique; et voici le Photographe, avec le Confiseur de la Cour. La place Alexandre qui coupe la cité en deux, le Palais sur la gauche, le Jardin public à droite. C'est le coin sensible de la Ville.

A ras des trottoirs larges, devant l'Hôtel de Bulgarie, les voitures qui stationnent étagent leurs coussins de velours grenat; immobiles, figés dans leur surveillance, en uniformes havane et garance, l'énorme pistolet à la ceinture, et bottés jusqu'aux genoux, à l'angle des rues veillent les « strajars » ; un peloton de soldats rentre à la caserne, ils marquent le pas en chantant, et rien n'est prenant, d'un mâle et émotionnant effet, comme ces chants d'indépendance de la patrie bulgare, que rythment des voix graves, dans le cliquetis des armes ; des lieutenants à l'ample manteau gris, avec la casquette blanche, impeccablement gantés, se rendent au Club international où Stambouloff taillait des banques quand il était ministre ; d'autres, sanglés dans leur longue tunique à parements, l'épée au baudrier de soie, d'une belle allure que leur permet une solde inconnue aux capitaines de France, et très jeunes, — il y a des colonels de trente-cinq ans dans ce pays où les hommes sont neufs comme est neuve la patrie, — s'en vont faire et refaire sur le sable le tour du jardin.

Peu de pauvres, pas de mendiants. Un orchestre militaire,

en cercle sous le kiosque, jette à la ville l'écho d'une valse.

La « société » de Sofia, qui a pour son plaisir le Lac, la Pépinière, la route de Kniajevo si voluptueuse aux poumons et que désigne, entre toutes, le monument dédié au Tsar libérateur, préfère « son » Jardin.

Là, on est en mal d'élégances. J'y ai vu défiler dans les allées une robe jaune empire. On y parle le français sans effort, puisqu'on l'enseigne dans les écoles partout ouvertes et gratuites, et qu'il offre, par l'absence des déclinaisons et des cas, plus d'une facilité au Bulgare, — et pourtant ce point vital de Sofia fait songer à quelque petite station de bains allemande.

Sous les marronniers, autour des tables blanches, on sert le café au lait, les sorbets, les pâtisseries au kumin et le slivovitza à la prune.

Pour un lev, qui correspond à l'usage du franc, on a de longues heures de consommation, et de cette « gemuthlichkeit » dont parle Henri Heine.

Parfois une fillette vous met sous les narines l'odeur de poivre frais d'un bel œillet qu'elle vous propose ; parfois c'est quelque vendeur de journaux qui crie *La Bulgarie,* publiée en français, ou le brûlot de M. Stambouloff ; mais tout cela est placide, honnête, innocent, — et féru de coups de chapeau.

Les passions politiques, les

luttes de personnes expirent dans la lénitude de l'air.

Ce qui se dégage, c'est la certitude d'un beau lendemain, — avec un peu de défiance néanmoins envers ceux qui prétendent y contribuer ; il y a là, déambulant à travers cette foule, l'inévitable ingénieur français qui vient pour un chemin de fer, l'Autrichien qui a eu l'idée d'amener les eaux, l'Anglais qui veut « doter » d'électricité la capitale : on les accueille avec courtoisie, on les encouragera, mais on les regarde avec une interrogation dans les yeux.

Et, en vérité, on comprend cette première impression des Bulgares ; ils ne sont rien pour l'Europe ; les divers consuls qu'elle leur expédie affectent de les considérer en quantités provisoires et comme des êtres virtuels ; le nôtre a pour mot d'ordre « d'ignorer » le Prince, les ministres, le ciel même sous lequel il vit : et dès lors, que viennent-ils chercher, et que leur veulent-ils, ces messagers d'affaires et tous ces commis de la vieille Europe ?

Mais les temps s'accompliront. Tandis qu'ils sont attablés là, ceux de Sofia, en la joie méthodique de l'heure qui passe, l'Université s'achève, on discute les plans des halles ou d'un théâtre, dans les forêts on abat les chênes qui serviront aux lignes nouvelles et dans la profondeur des monts on fouille les mines de cuivre et les mines de fer.

Une soirée de Sofia, dans cinq ans, ce sera le programme de l'ordinaire banal. Aujourd'hui, sans spectacles, sans rien autre pour attirer que les étoiles d'or, elle réserve à son hôte d'aventure une incomparable sensation.

Dès neuf heures, elle semble entrée dans le repos ; une petite lumière au front du Palais ; les maisons sont closes ; à peine, çà et là, quelques boutiques à tabacs où, dans la demi-nuit d'un quinquet, s'appesantit le gardien ; pas un bruit de voix ou de talon ; par intervalles réguliers, l'appel seulement d'un strajaï en prévenant un autre, lugubre appel de chouette, qui ondule dans l'espace, et puis de nouveau le silence tombal. Une ombre énorme a roulé tout pêle-mêle dans son effroyable gouffre et, sous elle, s'ensevelit cette ville de Bohémiens sans nom et de bourgeois, de loques errantes et de redingotes très brossées.

Heure unique, qui pour moi n'avait sonné nulle part ; nulle part je n'ai été si près de la beauté des ténèbres et de la puissance des horizons.

Je me suis mis à la fenêtre dè l'hôtel ; derrière moi, la vaste chambre qu'orne la camelote viennoise, où se dresse un petit lit de tôle peinturlurée, et où une bougie sur la table ronde vacille, en l'air chaud emmagasiné ; en face, l'immense nature qui se renoue après la ville, et va se reculant toujours à mesure qu'une transparence se fait en la nuit.

J'ai sous les yeux, presque sous la main, les feuillages épais du jardin, et pourtant là-bas c'est la plaine sauvage, et plus loin, plus loin, c'est la montagne indomptable, qu'une brume pâle caresse. On dirait quelque prodigieux théâtre, dont les acteurs, trop petits pour le décor, sont rentrés sous trappe. Et le décor tragique reste là.

Quelle étendue! de l'homme à l'infini. Aucun progrès, nul embellissement ne vaudront jamais cette évocation.

Et c'est si grand, que devant cela on ne peut pas rêver à une femme, même à l'aimée...

VIII

UN ENTRETIEN AVEC S. A. R. LE PRINCE DE BULGARIE, EN TRAIN SPÉCIAL.

VIII

UN ENTRETIEN AVEC S. A. R. LE PRINCE DE BULGARIE, EN TRAIN SPÉCIAL

J'ai pénétré en Bulgarie sans un papier, et quelqu'un me déclare qu'il y a un mois seulement c'eût été une gageure perdue.

Aussi bien il y a du nouveau dans l'air et il y en a dans le pouvoir. Brusquement, Stambouloff, l'homme qui se proclamait la Bulgarie, est tombé.

Une longue dictature croule

sous la révolte des consciences. La poigne impitoyable a dû lâcher sa proie. Et maintenant, au plus profond de sa maison qu'il a fallu protéger, le jour et la nuit, se terre le tyran au front énorme, aux dents de loup.

Mais partout on respire; il semble qu'on sorte du carcan; les délations viles, les haines qu'on attise, les angoisses de la Terreur ne sont plus, et sur les potences dressées dans la cour de la mosquée noire qui sert de prison aujourd'hui, le linge du gardien en chef peut sécher tranquillement au soleil.

C'est la délivrance, et devant cette joie particulière qu'elle répand sur les visages, je songe à celui qui l'a accomplie par une décision retentissante, et l'idée me vient d'une visite à S. A. R. le Prince Ferdinand de Bulgarie.

Mais c'est le temps de la moisson des roses, au delà de Philippopoli, à Kazanlick, qui est dans la nature comme la cassolette d'où part l'essence de tous les parfums de l'Europe, et le Prince allait s'embarquer pour assister à cette récolte enivrante. Désolé de ce contre-temps, j'ai eu pourtant rapidement à le remercier, car le Prince ayant bien voulu m'inviter à prendre place, jusqu'à Philippopoli, pour plusieurs heures, dans son train spécial, j'ai réalisé plus que mon désir, — l'imprévu d'un voyage enchanté...

Le train, marqué de la couronne, avec ses deux salons, ses chambres à coucher tendues de bleu, attend ; sur le long quai de la gare, le va-et-vient du service, on apporte les malles, de la glace, des fleurs ; le maître des cérémonies du Prince donne son coup d'œil, la livrée du palais s'agite, on laisse du peuple approcher.

Soudain le galop d'un escadron de hussards rouges, des officiers de la garde, les voitures de la Cour, le Prince dont la haute taille commande, et à son bras, en deuil, le visage animé par d'admirables yeux sombres, la Princesse, — sa femme, comme il va me le dire dans un instant avec un charme vraiment exquis, en me faisant l'honneur de me présenter à Elle.

Quatre heures ont sonné; des acclamations et tout s'ébranle; nous voilà lancés vers cette campagne digne d'encadrer un rêve, et presque aussitôt le Prince me reçoit dans son salon roulant de velours réséda, que traverse de part en part l'été radieux.

Avec sa stature qu'il fait valoir, la poitrine ample, le front droit et net, la moustache blonde et l'impériale soigneusement disposés, le Prince a l'allure militaire. Mais son œil d'un bleu fin, son nez de race disent le diplomate qui sait se complaire aussi au tact d'autrui, et son sourire dit l'homme d'expérience qui a excursionné, par toutes les capitales d'Europe, pour se trouver heureux maintenant en la sienne.

Ainsi que tous ceux qui ont surgi sur cette terre récente de Bulgarie, le Prince, avec ses trente-trois ans, est pourtant en pleine jeunesse, et dans les traits délicatement dessinés de son clair visage, dont l'ovale s'allonge, dans son geste, dans son accueil, cette jeunesse est charmante : on comprend tout de suite comment il a su plaire et par ses déclarations on verra comment il entend mériter la confiance.

Elles sont, ce qui ne semblera pas banal, d'un esprit averti, méticuleux à la besogne, et pourtant d'une inspiration généreuse ; d'un homme qui connaît les dessous de la Constitution — comme s'ils étaient de soie, et n'en veut retenir cependant, avec une séduisante loyauté, que la lettre ouverte.

— Je n'éprouve nul embarras à parler de Stambouloff, dit Son Altesse, et vais m'expliquer en Prince qui est resté à son endroit soucieux des moindres nuances de la Constitution, et en homme qui est resté son ami.

« Stambouloff a quitté le pouvoir librement; il m'a donné sa démission. Je l'ai reçue, par dépêche, à la frontière, à Tsaribrod, en revenant des obsèques de ma sœur à Munich. Pour la troisième fois, Stambouloff démissionnait ainsi, avec l'idée d'une démonstration de son indispensable concours, avec la certitude de rentrer, sur un prestige refait.

« Mais le dessous de cette dernière démission est bien caractéristique : des difficultés ayant surgi çà et là dans la levée des impôts, Stambouloff imagina de requérir les paiements en expédiant des soldats. Le ministre de la guerre ne crut pas que l'armée est faite pour cette besogne; il comprit également ce qu'une telle mesure avait de blessant pour la dignité du gouvernement, pour celle du peuple aussi, et refusa. Aigri, ne professant pas précisément des sympathies pour l'armée, et soupçonnant d'ailleurs mon sentiment aussi, Stambouloff se plaignit d'empiètements sur son autorité et lança sa dépêche. Comme de coutume, il comptait que j'inscrirais aussitôt son nom en tête du gouvernement de demain : je ne l'ai pas fait.

« Des dissentiments entre lui et moi? Je ne sais quels mesquins accidents d'amour-propre? Non point : Stambouloff a rendu à son pays d'inoubliables services, et il en a rendu de dévoués et d'affectueux à moi-même; il a été mon collaborateur pendant de longues années, je l'ai mesuré à l'œuvre, je sais ce qu'il vaut : pour me séparer de lui, il m'a donc fallu d'impérieuses raisons. Je les ai trouvées dans l'amour que j'ai voué à ce peuple bon, simple et franc qui s'en est remis à moi de ses libertés, de son bonheur, de sa paix.

« En ces derniers temps; Stambouloff sentait le terrain fuir sous lui ; et plus il se sentait diminuer, plus vibrait, naturellement, sa susceptibilité. A ce régime usant de huit années d'une magistrature comme la sienne, peu à peu a faibli en lui la saine appréciation des choses, des hommes, des besoins, des tendances véritables, et ce sens de la modération qui est aujourd'hui l'axe de toute durable politique.

« Que de fois j'ai tenté de le faire réfléchir, de le ramener dans la bonne voie ! Je le rappelai aux « égards constitutionnels », à des choix d'agents plus scrupuleux et sûrs, à plus de contrôle dans l'administration et de prudence dans les finances ; je lui montrais l'écueil de tant d'inutiles compressions et de duretés, de cet espionnage partout en exercice et de cette lamentable défiance des uns contre les autres qu'il allait propager chez un peuple trop proche encore de son passé pour n'y être point ouvert.

« Aussi bien, j'ai fait ce que j'ai dû et suis certain que si je n'avais été là, Stambouloff serait tombé beaucoup plus vite. Puis ma conscience et mon amitié satisfaites, persuadé qu'au milieu de tout ce qui grondait, l'heure nécessairement devait un jour sonner, j'ai attendu.

« La voilà. Stambouloff est tombé par sa faute propre, sous le poids d'une longue durée. Le cri de soulagement, la détente, la joie unanime qui signalent cette chute, témoignent que je suis en accord avec le vœu public. Partout c'est comme un voile noir qui se lève, une obstruante barrière qui saute. J'ai reçu plus de vingt mille télégrammes où l'on m'appelle le deuxième libérateur du pays; ce 18 mai, jour de la saint Ferdinand, on a fêté aussi l'ère nouvelle. Ce n'était qu'une clameur contre le « tyran abhorré », l' « homme détestable », et les choses se seraient passées simplement, si Stambouloff, aidé de son second, Petkoff, l'ancien maire de Sofia, n'avait, pour se donner l'illusion de la popularité, organisé son meeting de gens sans aveu.

« J'ai dû faire sortir des pelotons de cavalerie. Mais je l'ai fait avec la plus stricte réserve, me gardant de toute indication contre le ministre hier puissant, et ne voulant assister, même de la fenêtre, à aucune de ces précautions de force, sous ce ciel d'Orient, où il faut éviter jusqu'à l'apparence d'un « pronunciamento ! » Et, dirai-je mon sentiment complet ? Stambouloff venant me rendre visite au Palais pour me remercier d'un rescrit que je lui ai adressé, a été hué, et les « strajars » que vous avez vu garder sa maison, c'est nous qui les avons donnés. Eh bien ! tout le premier, j'éprouve ce qu'il y a de douloureux dans de si promptes représailles, — il y a une petite ville appelée Stamboulovo, en l'honneur de Stambouloff, qui a demandé déjà à être débaptisée ! — et je ne peux admettre ces insultes à un homme tombé.

« En vérité, ce n'est pas sous la fièvre des passions que j'ai agi, c'est appuyé sur les ressorts de la Constitution. Je suis un Prince constitutionnel, mon devoir est tracé ; je n'ai qu'à le suivre pour ne pas exposer la popularité dont mon œuvre a besoin, et je l'ai suivi. Après la démission de Stambouloff, j'ai consulté le président de la Chambre qui, occupé à des devoirs de famille, m'a répondu qu'il « se désintéressait de la question » ; puis, j'ai vu M. Grécoff, qui, dans le ministère Stambouloff, était le vrai porte-parole de mes idées. Cette combinaison ayant échoué, j'ai composé, sous la présidence de M. Stoïloff, dont vous connaissez le nom mêlé déjà à toute la vie du pays, un Ministère de toutes les supériorités. Ce gouvernement sera conciliant et ferme, il n'oubliera pas que nous sommes ici sur une terre libre, et avec lui je suis tranquille, je peux aller voir mes roses, mes champs et mes bois... »

Assis en face de moi, en uniforme blanc, dans le soleil où baignent ses cheveux de la couleur des blés qui frissonnent à deux pas de nous, le Prince a parlé d'une haleine, avec l'aisance d'un Parisien, doublée du charme sérieux d'un chef d'État, que la correction de sa politique met à l'aise aussi. Et rien n'est délicieux, hors du commun vraiment, comme cet entretien de pure politique, ce récit d'une crise ministérielle, dans le décor prestigieux et toujours changeant d'une nature inconnue.

Par les glaces ouvertes arrivent de formidables hurrahs : au front des petites stations que le train brûle, nu-tête, le col puissant, le visage solide et très doux, des paysans sont rangés et ils saluent d'un sourire clair comme le ciel qui est sur eux ; des femmes en lourdes jupes brodées de blanc, en tabliers rouges, d'un type régulier et sain, agitent des bouquets, et tous ces êtres massés au bord des champs dont ils vivent, ont je ne sais quoi de leur prospérité et de leur calme.

Nous avons traversé le paradis de la Maritza, voici la Thrace, les noyers, les rizières, les plaines joyeuses où les buffles paraissent et où se posent les cigognes; des profondeurs vertes, pleines de coqs de bois; des torrents, les Balkans aux cimes farouches, et poudré encore de neige, le Rhodope qui fait rêver aux Pyrénées; et sur toutes ces vallées cousues à l'infini, flotte comme une lassitude orientale des choses, avec le mystère plein de grandeurs et d'effluves d'un beau soir.

— Regardez, s'écrie le Prince, n'est-ce pas superbe? Je ne me lasse pas d'admirer et d'aimer ce coin de terre!

— Et puisse-t-il aussi, Monseigneur, n'amonceler jamais de nuages pour l'Europe ?

— Pourquoi en serait-il autrement ? De toutes façons, à aucun moment, la faute n'en pourra retomber sur la Bulgarie. Nous exécutons loyalement les conditions du traité de Berlin ; je gouverne au nom « de l'impérial Calife » ; je suis et demeurerai un vassal fidèle. Constantinople est notre soutien, et la tenue dont nous faisons preuve ne peut que consolider sa confiance.

« Vis-à-vis des autres nations, nous n'avons de politique ni à préférer ni à faire.

« Pour ceux qui m'attribuent des tendances vers ce cabinet de Vienne que mon élection exaspérait, je dirai que les faits ne les ont pas précisément prouvées. Quant à la Russie, comment serait-il possible de négliger les égards qu'on lui doit? Comment, si elle, peut-être, semble s'éloigner de l'esprit des institutions d'Alexandre II, les pourrions-nous méconnaître, nous qui avons dressé au Tsar un monument dans Sofia?

« Nous nous efforçons de vivre en termes respectueux vis-à-vis de la Russie, mais n'avons-nous pas droit au désir de rester libres, en dehors d'immixtions et de conditions? La Bulgarie n'est pas un pays où les Kaulbars et les Ignatieff réussissent; on se trompe sur la qualité du patriotisme de ce paysan épris de son sol et de sa jeune indépendance : la Bulgarie aux Bulgares. Ce sera toujours là ma politique, le temps fera le reste.

— Et le temps fera beaucoup aussi, à Pétersbourg, pour la personne de Votre Altesse?

— Oui, répond le Prince en souriant, tandis que sa main s'allonge vers une boisson glacée, ma personne, là-bas, n'est pas précisément très agréable. Mais je me rassure en pensant qu'il en serait de même pour le premier venu, fût-il Russe, qui aurait ici réussi, et m'en console en constatant l'inanité de tous les griefs qui me sont comptés.

« En réalité, qu'a-t-on à me reprocher? J'applique consciencieusement la religion orthodoxe bulgare; j'ai réformé toute cette

Église, moi, le catholique, le latin; je réunis le Saint-Synode, j'ai créé des évêchés en Macédoine; il n'y a ici qu'un catholique, c'est mon fils, âgé de quelques mois. On ne m'en a pas moins accusé de prosélytisme; à ma mère elle-même, qui habite, parfois, le Palais avec moi, à la princesse Clémentine, on n'a pas épargné cette accusation. Mais, en vérité, nous avons plus de droiture et de bon sens, et nous n'avons pas reçu l'accueil de ce pays, je n'en suis pas le souverain, pour y rester obstinément des étrangers.

« Du même coup on s'est ingénié à me montrer quémandant des interventions et je ne sais quels appuis auprès de ma famille qui tient à tous les trônes d'Europe : je n'en ai jamais eu l'idée, je ne l'ai jamais fait; de telles démarches n'entrent point dans mon entendement et ne s'accordent pas avec ma dignité. »

Sans heurt, sans bruit, comme sur des rails jonchés de mousse, depuis plus de trois heures le train glisse; une ombre transparente nous enveloppe, et à présent c'est comme une causerie plutôt où le Prince veut bien s'attarder avec un Parisien. Causerie charmante où « le cosmopolite » qui a été dans le Prince se retrouve en pittoresques anecdotes. Puis, brusquement, revenant à notre point de départ et le ton plus grave :

— En attendant, dit le Prince,

voilà huit années d'accomplies. Je ne les ai pas perdues, et si j'ai réussi, c'est grâce à quelques-unes de mes qualités françaises. J'ai ouvert des routes, des chemins de fer, des écoles; veuillez croire que je n'ai pas épuisé mon effort. Il appartient entièrement à mon œuvre, et dussé-je la payer de mon corps et de mon souffle, ce n'est pas moi qui apporterai une désillusion à ce pays en échange de ce qu'il m'a donné.

Et sur cette parole qui ne manque point d'impressionnante solennité, le Prince s'est levé et me tend la main.

Mais ce n'est point une fin d'audience. En me présentant à la Princesse, fille de Mgr le duc de Parme, exquise de simplicité et de bienveillance, le Prince a bien voulu m'inviter au dîner...

Maintenant je suis dans la salle à manger du train, pleine de gerbes et de lumières, à la droite de la Princesse qui adore ces voyages et pratique l' « Instantané » avec un art passionné. Dans le lointain, d'un rose vague, c'est Philippopoli, la ville aux mosquées, où l'on croirait entendre encore la prière du muezzin vers le Ciel.

Et tandis que s'écoule ce moment aussi, je songe à cette étrange fantaisie du Destin qui a réuni là, sur la terre étrangère, le petit-fils de Louis-Philippe et la petite-fille de Charles X, dont je suis l'hôte charmé, et je regarde ces fleurs de lis partout gravées, auxquelles pour éclore ainsi il a fallu le soleil d'Orient!

IX

REFLET DE LA COUR

IX

REFLET DE LA COUR

Le Prince Ferdinand de Saxe-Cobourg et Gotha, élu le 7 juillet 1887 Prince de Bulgarie, après l'abdication d'Alexandre de Battenberg, habitait Vienne et il était encore au service de l'Autriche, justement impatient d'une autre destinée, quand un groupe d'hommes politiques bulgares, à la tête duquel se trouvait M. Stoïlof, qui est actuellement président du Conseil, vint lui offrir la couronne : depuis, bien des années ont été remplies, et, pénétré de son rôle vis-à-vis de la Constitution, comme de sa patrie nouvelle, le Prince a accompli l'œuvre d'un esprit clairvoyant et d'un caractère décidé. Mais sous l'énorme labeur qu'il se plaît à fournir en exemple, sa jeunesse est restée élégante, avertie de tout ce qui rehausse la vie.

Le Prince aime à porter l'uniforme, la petite tenue, la capote aux larges plis, sans autre insigne qu'une croix blanche au cou ; et puis le voici en habit et gilet blanc, le grand cordon de moire noire du Saint-Sépulcre en travers, comme une barre de deuil, sa main fine fortement baguée au petit doigt, impeccable, d'une dignité qui retient et pourtant d'un charme enjoué qui donne confiance.

En soldat, il ordonne, — en parfait gentleman, il veut bien laisser parler celui qu'il accueille; il vous suit d'un œil attentif, et qui scrute, et qui songe parfois; il provoque les impressions franches, les récits, et ses audiences ont des charmes de conversation. Il a des souvenirs, des impressions de voyage, d'aventures et parfois il consent à faire l'échange avec celui qu'il a écouté.

Et tandis que le Prince, d'une voix qu'il manie avec art, très douce souvent et aussi railleuse, vous dit une soirée au théâtre de

Carlsbad, ou une chasse dans les montagnes ou une sensation d'enfant aux Tuileries, malgré soi on se demande ce que doit éprouver un esprit si délié, d'une tournure si avancée, au fond de ce pays lointain, où semblent passer des tristesses d'exil?

Mais il ne faudrait point poser la question. Le Prince aime sa ville, et ce pays, d'une tendresse enthousiaste, et il met tout son orgueil à se contenter de ce Palais, dernier vestige d'un konack turc, dans lequel, selon lui, on peut tout de même penser quelque chose de grand et rencontrer quelque chose de doux.

Aussi bien le vieux konack sur lequel flotte le drapeau bulgare, blanc, vert et rouge, a pris quelque allure. C'est un long bâtiment, peint de clair, à un étage, à doubles fenêtres, flanqué de deux ailes neuves, la dernière datant d'hier, et réservée aux appartements de S. A. la Princesse de Bulgarie et du Prince héritier Boris, qui n'a pas encore deux ans. Dans la cour sablée, que ferment de hautes grilles, un peloton de garde, des canons réformés braqués sur le vestibule où se tiennent les valets de pied — culotte mastic et habit noir boutonné — et les six Monténégrins fidèles. Au fond, le large escalier de chêne, à tapis rouge.

Au premier étage, un salon où de vieilles armures frissonnent quand on les effleure au passage, où flottent des étendards, et dans des vitrines, toute l'histoire de la Bulgarie, en menue monnaie de souvenirs et de reliques, depuis la guerre qui a fait son affranchissement, jusqu'à la dernière d'où elle est sortie victorieuse, alors que l'on croyait tout perdu, que les cierges même avaient été préparés et apportés pour un *Te Deum* commandé — un peu tôt, à la cathédrale de Sofia. Et aujourd'hui les cierges, qui n'ont pas servi, sont là, ironiquement, dans l'armoire aux curiosités.

Plus loin, le cabinet du Prince. Un demi-jour, des tentures sombres qui ouatent, des petits meubles, çà et là, de toute forme, x, poufs, tête-à-tête, paravents, guéridons, coffres anciens; autant de coins intimes ménagés à souhait; au fond, dissimulé, un piano; aux murs, des paysages et des pastels; sur une chaise, adossé, un portrait de la Princesse de Bulgarie, en petit travesti de cour Louis XV; sur le chevalet, des fleurs de Madeleine Lemaire; près de la fenêtre du milieu, le bureau du Prince.

Bureau à étagères, à niches profondes, qui dominent le monceau des rapports et des pièces à signer; posées là, un peu partout, des miniatures de famille, aux cadres d'or vieilli, de l'or qui a vécu, et qui ont l'air d'un sourire des temps évanouis; puis le comte de Paris, le duc d'Aumale, Joinville et Nemours; une haute photographie de la mère du Prince, la princesse Clémentine, qui a l'air de présider doucement à ses travaux; puis des bibelots dont chacun a une histoire, et qui vont se fourrer sous les paperasses; des éclats de boulet, des ivoires, un petit wagon en argent, ciselé par Froment-Meurice, précieusement et adorablement rempli d'un peu de terre de Bulgarie, — et des petits vases à profusion, où dans le cristal pur trempent des roses, et des hottes d'or, où les chrysanthèmes blancs sont orgueilleux.

Ce cabinet de travail est le refuge de prédilection; c'est là, dans cette atmosphère exquise, que le Prince vit le meilleur de ses journées et qu'il faut chercher l'image même de ses préférences, de sa théorie sur l'influence directe des choses familières, de son caractère.

La tâche d'une part, des fleurs de l'autre; tout ce qui est la base d'une noble existence, et tout ce qui est sa poésie.

Ponctuellement informé, ayant souci des moindres devoirs qui lui incombent, c'est de là aussi que le Prince dirige toute sa maison.

Il a l'œil d'un maître entendu et règle tout par lui-même; il apporte à l'ordonnance des plus minces détails le goût d'un artiste délicat et le soin d'un metteur en scène, épris du beau.

Son train spécial, — un bijou, est sorti de ses plans; son écurie, où piaffent les petits chevaux bulgares, vites comme le vent sur le Vitosch, a été, jusqu'à la sellerie, jusqu'à la livrée de gala de ses piqueurs, organisée selon ses indications; s'il vous fait l'honneur de quelque citronnade au vin de Champagne, il souhaitera qu'elle soit à point; d'un verre de Johannisberg ou de Steinberger Cabinet, son plaisir sera dans la perfection du vôtre.

J'ai eu le privilège de m'asseoir à sa table au Palais aussi; l'invitation indiquait le frac et les décorations, et j'ai conservé le menu, sur papier azur, aux armes en relief, ainsi disposé :

Consommé froid

Zucco

Tartelettes à la Diplomate

Johannisberg 1868

Filet de bœuf à la Bordelaise

Château Léoville 1875

Mousseline de foies gras en aspic

Suprêmes de dindonneaux
à la crème

Clos Vougeot 1875

Sorbets de griottes au
vin de Romanée

Bécassines rôties sur canapés

Dry Impérial

Salade

Haricots verts à l'Anglaise

Profiterolles au chocolat

Château-Yquem 1878

Bombe gaufrée à la pistache

Dessert

Muscat Rivesaltes

Dans la salle à manger aux panneaux de tapisserie, où brillent les surtouts d'argent, règne un murmure de voix basses; le Prince, qui a bu dans un verre spécial, de cristal sombre, le lève à demi en l'honneur de ses hôtes et l'on passe au fumoir, ou lui-même désigne les cigarettes blondes dans un coffret d'or massif que lui offrit le baron de Hirsch.

Ainsi, tout atteint à une harmonie rare dans cette petite Cour de Bulgarie, où l'étiquette la plus formaliste règne à côté d'une simplicité délicieuse et presque familiale de manières.

On y fait beaucoup de musique, on y lit nos poètes, nos romanciers, — j'y ai vu mon dernier livre : *Le Lait d'une autre*, -- on y espère une conférence prochaine de Francisque Sarcey ; quelques fêtes qui, pour se développer, n'attendent que les splendeurs d'une nouvelle salle; des officiers et des fonctionnaires, les uns et les autres mariés très jeunes, figurent le plus souvent aux réceptions; pas d'intrigues, pas de bruit, — des fidèles.

Aussi bien l'entourage du Prince est assez restreint, mais son dévouement est de qualité. Le grand maréchal de la Cour, le comte de Foraz, héraldiste émérite, est Français; le maître des cérémonies et chambellan, le comte Robert de Bourboulon, est Français ; la Princesse a pour grande-maîtresse une Parisienne, Mme Stancioff, née comtesse de Grenaud et alliée à M. Édouard Hervé, et pour secrétaire de ses commandements, le comte de Cayla, gentilhomme breton. C'est, en réalité, un coin de France qui se retrouve là-bas.

Le Prince de Bulgarie n'est pas reconnu, il le sera ; en attendant, ses « qualités françaises » sont bien reconnaissables, et ce n'est pas sans une émotion, sans un peu de gratitude aussi que l'on rencontre si loin un écho de la patrie.

Dès le printemps, toute cette petite Cour, d'un vernis si charmant, d'où se dégage l'impression de quelque chose de bien tenu et d'affectueux, se désagrège et par fractions suit le Prince, grand amateur de villégiatures improvisées, d'excursions au large, de chevauchées.

Et il faut entendre le Prince admirer, expliquer ce qui le frappe, commenter le paysage. Alors il trouve des mots enthousiastes et d'extraordinaires accents, d'une tendresse véritable, pour la terre qui produit de telles merveilles.

Ce diplomate, cet intrépide liseur qui fouille toutes les statistiques, a au plus haut point le sentiment et l'exaltation de la nature, il s'embellit devant ses beautés, et pour moi, plus d'une fois, tandis que je l'ai surpris dans cette contemplation et ce ravissement, la parole du philosophe m'est revenue : Un homme qui aime la nature, jamais ne saurait être petit.

X

DEUX HOMMES

X

DEUX HOMMES

J'ai eu la bonne fortune de me rencontrer, en la même soirée, avec le Président du Conseil et le Ministre de la Guerre.

Le dîner est achevé et l'on cause. Dans l'encoignure d'une fenêtre ouverte sur le jardin, le président Stoïloff, qui a la charge de l'Intérieur, veut bien être indulgent à mes curiosités et leur donner le profit de sa parole.

Le successeur de Stambouloff a professé les lettres; elles ont laissé dans son esprit une grâce dont bénéficie l'homme politique.

C'est un plaisir de délicat que de l'entendre apprécier, avec une forme choisie dans les bons exemples, les événements les plus tourmentés; il parle sans fracas, en passant parfois la main sur sa moustache drue, avec un sourire qui sait relever de finesse la rondeur de son visage.

Le terroir dominait Stambouloff; lui, il a tâté Paris. Et, dès le le premier mot, voici l'homme :

— Stambouloff, dit-il, ne s'est jamais rendu compte que l'on n'est pas fort par les baïonnettes.

Puis, expliquant le dictateur :

— « Il a régné par la police. En 1886 et 1887, années très orageuses, deux millions étaient inscrits au budget de la police, et, de par lui, elle en dévore cinq aujourd'hui. Sans but déterminé, il a dû aux circonstances la considération européenne et à l'argent sa situation intérieure. Il n'a point d'instruction humanitaire, il est étranger aux tendances de la jeunesse, il n'a pas saisi le mouvement intellectuel, et, dès lors, on soupçonne à quel usage il a fait descendre la presse : bâillonnée, elle complétait seulement la besogne de ses créatures et jetait des fleurs à ses budgets faux.

« Un moment, nous avions vingt-neuf millions de réserve; sans emprunt nous avons pu soutenir la guerre de Serbie, réaliser l'incorporation de la Roumélie, ouvrir la Banque d'État, — maintenant il faut se refaire. La corruption, la fraude, le gaspillage éhonté des deniers de l'État et de la Municipalité, la nécessité de sauver les apparences par un luxe flatteur, nous ont réduits pour l'instant à la médiocrité. Le lendemain de mon entrée aux affaires, on est venu me demander quand commenceraient les travaux de mon nouveau palais : quel palais? Stambouloff avait fait voter huit cent mille francs pour l'édification d'un Ministère de l'Intérieur. Moi, mon petit bâtiment me suffit. La Bulgarie ne peut supporter cette dépense; c'est démoraliser le peuple que de loger ainsi les ministres. »

— La maison de verre ?

— « Celle du sage. Nous n'avons point d'ambition extérieure, Dieu nous garde du rôle de puissance ! Ce qui nous intéresse, c'est la Bulgarie aux Bulgares, et la Bulgarie florissante, chez elle. Certes, nous sommes ouverts à l'initiative, à l'action des capitaux étrangers, et de préférence à celles des capitaux français, parce que la France n'est pas en contact immédiat avec nous et que l'argent qui vient de loin ne saurait être un danger d'ingérence et d'absorption : mais les ressources normales de ce pays de travail et d'économie peuvent suffire. Le tout est de les administrer et de les étendre dignement.

« Ce sera notre œuvre, avec l'acclimatation de la Liberté.

« Il faut que les citoyens sentent quelque chose derrière eux et à eux, il faut qu'ils sachent pourquoi ils peuvent être appelés à se sacrifier. »

Et, comme le Président du Conseil accentuait cette dernière phrase, un homme très jeune lui touchait le bras et approuvait d'un fier regard où brillait la certitude qu'on serait prêt à l'heure du sacrifice.

C'était le colonel Petroff, ministre de la guerre.

Le matin, j'avais visité un camp sur la pelouse. Des baraques de bois, recouvertes de toile blanche, avec les portes ouvertes. Symétriquement alignées, elles font une longue rue, dans l'odeur des foins.

Devant chacune, un petit jardin improvisé, que le soldat pioche et embellit aux heures de repos, en évoquant le souvenir vivifiant du village quitté. C'est le jour de la Pentecôte bulgare, quelques-uns reçoivent au camp la visite des parents; d'autres, assis en rond sur l'herbe, écoutent une lecture; d'autres encore, accroupis sur la couverture brune de leur lit, astiquent leurs armes.

Cette fumée bleue, là-bas, près du pavillon des officiers, c'est la cuisine où, dans des marmites énormes, bouillonne la soupe au poivre rouge et crève le riz. Et au ministre je dis l'impression de force morale que m'ont laissée ces hommes.

— Oui, fait-il, ce sont des soldats, bons soldats parce qu'ils sont paysans. Ils ont la patience, la foi, le respect hiérarchique, l'amour du sol qui les nourrit.

« La Bulgarie peut lever aujourd'hui, par le service obligatoire, une armée de 250,000 hommes. Elle a des canons Krupp. Depuis les Russes qui ont été les instructeurs de cette armée, elle a réalisé des perfectionnements dignes d'étonner, et la dernière guerre n'a pas peu servi à l'indication d'utiles réformes, qu'un budget important, pas assez encore, nous permet.

« Nos officiers sont les seuls qui se trouvent exclus de vos

Écoles militaires, mais ils vont à Vienne, à Pétersbourg, comme je l'ai fait moi-même naguère, et en Italie. Ils seront à la hauteur du devoir. »

Ce substantiel bulletin m'est fourni d'une voix qui a le tranchant de l'acier. Pas un mot de plus, si ce n'est l'hommage d'admiration à la « belle armée française ».

Mais, tandis que le ministre parle, le frémissement d'une volonté agite les ailes de son nez busqué; dans ses fixes et inquiétants yeux noirs s'allume un point de flamme, sous ce pâle visage court un sang de prix. Cet homme est quelqu'un. Il le sait et le fera savoir.

XI

UNE JOURNÉE PARLEMENTAIRE DANS LES BALKANS

XI

UNE JOURNÉE PARLEMENTAIRE DANS LES BALKANS

L'ouverture du nouveau Sobranié.

Sous le ciel d'un tendre bleu, c'est une vraie fête que cette première réunion du Parlement, après la chute de Stambouloff; fête paisible, régulière, qui ressemble à celle d'un beau dimanche où, des environs, l'on accourt à la Ville.

Dès onze heures du matin, devant le Palais d'où, tout à l'heure, sortira S. A. R. le Prince, défilent les fonctionnaires en famille, des curieux à l'air rangé, et par groupes, des paysans au costume national, en *aba*, des femmes avec la traditionnelle fleur rouge piquée dans les cheveux à multiples nattes qui font comme des cordes de lyre; débarquant seulement du train, voici des députés, au vêtement fourré de mouton, qui arrivent en des victorias lancées au galop.

De police, presque point; du palais au Sobranié, sur le parcours d'une longue et large avenue, où les fenêtres sont peuplées, et où les ombrelles claires miroitent sur les balcons, la troupe au complet s'échelonne, en fort belle mine, mais sans armes...

Et cette répudiation de la force, jugée inutile lorsqu'entre en scène la loi, c'est précisément la note même de cette journée, et non la moins intéressante, si l'on songe où l'on est ici, dans les Balkans, aux gorges tragiques...

A travers les régiments massés, drapeaux et musiques en tête, un fonctionnaire du palais me conduit jusqu'aux abords du Sobranié; à un étage, avec sa nef, ses murs rectilignes brossés en vert, bien dégagé sous le soleil qui l'inonde, le petit Parlement pavoisé est aujourd'hui héros dans l'histoire du pays.

Sur les marches encombrées, parmi les officiers chamarrés, au kalpak blanc surmonté d'une haute plume qui pique droit et belliqueusement dans l'air, j'attends les vingt et un coups de canon qui annonceront que le Prince a quitté le palais.

Sous le vestibule, les ministres qui vont recevoir Son Altesse, le président du Conseil et le ministre des Affaires Étrangères avec le grand-cordon que, par un honneur significatif et qu'il n'avait pas encore consenti à la Bulgarie, le Sultan vient de leur envoyer; les représentants des puissances, en quête de leur tribune, à l'exception du consul d'Allemagne chargé à Sofia des choses de Russie, et du consul de France; dans un fin nuage qui s'élève des cigarettes, quelques députés, nu-tête, causent les mains dans la poche ou se présentent l'un l'autre, et en face, derrière le cordon des gendarmes à cheval, des paquets de peuple, mâle et sérieux, dans l'indolence flottante d'un paysage d'Orient.

Soudain, le lourd galop des chevaux, des sonneries de trompettes et des hurrahs, les équipages de la Cour, la maison civile et militaire, un piqueur à casaque jaune, une calèche de gala à la Daumont, le Prince.

En uniforme d'apparat, portant haut, avec une dignité souriante, dardant son regard devant lui, le Prince salue, descend, gravit le perron d'un pas très lent et, au milieu des acclamations qui se rythment sur l'air national, entre dans la salle.

La place qu'on m'y avait assignée est propice au coup d'œil.

Grande salle en rectangle, que le jour inonde, stuquée blanc et or, avec des médaillons au chiffre encore du prince Alexandre de Battenberg, de vastes tribunes pour lesquelles, demain, un socialiste demandera l'accès du public sans distinction.

En face, sur une estrade, le Trône, — ô vision qui déconcerte notre optique de France, — le fauteuil rouge, sous le dais rouge où les hallebardes d'or font traverse; dessous, le bureau : pas de tribune, pas de verre d'eau, les députés parlent de leur place. Et ils sont là, debout, cent cinquante, à leurs bancs posés en éventail, des papiers déjà sur leurs pupitres brunis, d'écoliers.

Presque tous des débutants dans la vie politique, et presque tous des jeunes. C'est bien l'appel à l'avenir.

Curieuses, attirantes figures de Slaves, au poil noir, où dans les yeux noirs aussi et qui flambent, passent un étonnement et une gêne. On dirait d'abord que, tourmentées et pâles, ces belles figures ne sont faites que de passion, et pourtant c'est le calme qu'elles respirent, et comme la confiance seule dans le droit.

Des redingotes, des vestons : ce sont des propriétaires, des avocats, des médecins, et plus d'un entre ses doigts fins lentement égrène le rosaire d'ambre ou d'ébène, passé au poignet comme un bracelet.

Puis, sur cette majorité d'aspect bourgeois, çà et là une note pittoresque, offerte comme pour montrer que cette Chambre, c'est l'essence du pays même...

Des paysans aux cheveux ras, châtains, le visage rond, spécimens parfaits du Bulgare qui a su sauvegarder son type sous l'écrasement même de la domination, avec la fustanelle de grosse bure et le juste-au-corps à manches violettes ; d'autres portent la veste soutachée, et l'on dirait les Bretons fidèles; ici les délégués des provinces turques, avec le fez immuable et dur; plus loin, des musulmans en longues robes et en turbans verts, à bourrelets, qui font de leur chef comme une coupole.

Et cet ensemble, — les députés n'ont pas d'insignes, leur indemnité est de vingt francs par jour pendant la session seulement, qui dure deux mois, — dégage une impression de bon vouloir au travail, de conscience de la tâche, et de sécurité dans son accomplissement.

Tout de suite on éprouve qu'ici le respect du parlementarisme, de la chose élue, ainsi que celui de la liberté, est encore intact, dans l'adolescence; il n'a subi ni aventures, ni heurts, il n'a pas passé par la buvette.

Les ministres et le métropolite de Sofia à sa droite — le clergé est électeur en Bulgarie, mais non éligible ; le docteur Dimitri Stancioff, le distingué chef de son cabinet, le comte de Bourboulon, et les aides de camp à sa gauche, le Prince s'est assis; il se découvre, déploie son discours et le lit.

La feuille ne tremble pas dans sa main; la voix s'élève claire et martelée et fait saisir par le relief de ses intonations les passages importants.

Tout ce discours, où le Prince dépose si heureusement son fils dans les bras de la Bulgarie et de ses compatriotes; où il se félicite de s'être adressé au peuple pour lui demander son avis sur la manière dont il entend que les affaires de l'État soient dirigées et d'avoir été compris par lui; où il passe en revue les projets de loi par lesquels le Parlement va fonder la renaissance morale et matérielle du pays, est écouté dans le recueillement.

Puis, de l'hémicycle, des bancs, des tribunes surchargées, sitôt que le Prince s'est recouvert, un formidable enthousiasme.

Le Prince a dit, il redescend les marches, le cortège se reforme, les députés vont se mettre à l'ouvrage, c'est tout.

C'est tout, mais il y a comme une sympathique grandeur dans

cette simplicité constitutionnelle, dans cette sobriété, qui ne redoutent point de s'affirmer ainsi, au sein même de ce pays d'Orient où l'œuvre des mises en scène est si vive.

Aussi bien, c'est quelque chose de chez nous, que si loin de nous vient d'évoquer le prince Ferdinand de Bulgarie, un prince français, comme il aime à le dire, et comme il l'a prouvé dans le petit incident, charmant, que voici.

C'était à la sortie; le Prince passait devant la Cour, les corps constitués, les délégations, les officiers de la garde, quand il m'aperçut planté sur son passage, dans la haie; alors le Prince, qui dans cette foule n'avait daigné distinguer personne, s'arrêta un instant devant moi et, avec une bienveillance remarquable et très doucement flatteuse, il me dit :

— Je suis heureux de vous voir assister à ce grand acte constitutionnel.

Puis, aux salves du canon, tandis que les étendards s'inclinaient et qu'un immense cri montait en son honneur, la voiture de gala l'emporta...

J'aurais bien désiré recueillir en ce jour même les impressions de Son Altesse. Mais selon le Prince, la parole à cette heure doit appartenir exclusivement aux représentants de la Nation, la sienne doit s'effacer devant la leur.

En m'inclinant devant une si

délicate décision, j'ai eu l'idée de me faire présenter au président du Sobranié, élu l'après-midi même de l'ouverture, et peu d'instants après son installation, M. Théodoroff, député du port de Roustouck, m'accueillait dans le cabinet présidentiel, où il piochait le règlement.

M. Théodoroff, rédingote et pantalon gris, chaîne en or, favoris blonds et petit œil d'un brun alerte, est avocat, ce qui donne une attrayaute valeur à la modération avec laquelle il s'exprime en un français plein d'aisance.

— « Des séances parlementaires dans les Balkans? me dit M. Théodoroff, oui, il y a là de quoi plaire à l'imagination. Mais ce qui est plus intéressant encore, c'est que cette Chambre appelée à consolider l'ère d'apaisement et qui est comme la seconde face des derniers événements, a été élue dans la plus rare indépendance.

« Le peuple bulgare est justement jaloux de ses libertés, — il y a plus de dix ans qu'on parlait ici déjà d'accorder le droit de vote aux femmes ! Et comment le gouvernement actuel n'aurait-il pas laissé la liberté agir ? il n'a rien à craindre d'elle puisqu'il est en harmonie avec les vœux du pays, et elle n'a rien à craindre de lui : par leur passé même, alors qu'ils figuraient dans l'opposition, les hommes d'aujourd'hui se trouvaient liés d'honneur et par loyauté envers elle; elle est leur plus haute raison d'être.

« L'homme qui préside au gouvernement, M. Stoïloff, est une intelligence, un caractère essentiellement organisés pour la liberté ; il a le sens des mœurs du véritable citoyen et celui d'une politique conforme aux progrès de l'esprit.

« Tenez, les journaux français et les russes, grâce à lui, maintenant circulent sans entraves, et, pour citer encore un exemple, le colportage des icônes n'est plus empêché; ses adversaires essaient de lui en faire reproche, pourquoi ? Le ministre estime qu'il sera temps d'agir si l'inconvénient se produit, et à ce moment-là son action, certes, ne serait pas moins décisive qu'une autre.

« Aussi bien, pendant cette période d'élection que j'ai vue de très près, il n'y a eu ni haines ni trafics; le ton des polémiques a repris quelque dignité, et l'on peut dire que s'il y a eu des discussions, il n'y a pas eu un offensé.

« Paisiblement, les électeurs circulaient avec le nom de leurs candidats inscrits sur des drapeaux; des meetings se sont organisés sans qu'on cherchât à les prendre en main; bien mieux, si dans la précédente Chambre il n'y avait que deux opposants, et encore d'une étoffe très mince, le gouvernement a tenu, par une espèce de coquetterie de conscience à laquelle vous rendrez hommage, à ce que l'Assemblée nouvelle fût normale, effectivement nationale, ouverte à tous les partis.

« Il y a cette fois une minorité d'environ quarante-quatre voix, — on a laissé des socialistes aussi, ils sont cinq, exposer et faire triompher leur opinion, et une pareille minorité, dans de telles circonstances, souhaitées pour ainsi dire par le gouvernement, ne peut qu'élever encore son prestige.

« Il est assuré dans cette voie de concours qui lui permettront de la mener à bonne fin ; l'adhésion des Rouméliotes y contribuera — de ceux qu'on appelle des Russophiles, un mot d'ailleurs vide de sens, sans aucune signification puisque nous n'avons pas de politique étrangère à faire, et qui ne s'explique, ou ne s'excuse que par la nécessité de nous distinguer de ceux qui prétendent tomber en attaque sitôt que l'on prononce le nom seul de la Russie.

« La besogne du nouveau Sobranié? Rétablir l'équilibre des finances, faire économique et pourtant bien ; il s'occupera des caisses agricoles, de l'encouragement aux industries, des chambres de commerce, de l'École supérieure, de la loi sur la propriété et ses modifications, de la réforme du système des impôts, et le tout dans des sentiments nationaux. »

— Ce que je viens d'entendre,

monsieur le Président, constitue en vérité un large, et peut-être même enviable programme politique : je fais des vœux pour que l'homme qui le porte ne soit pas trop en avance sur l'éducation et la capacité de ceux auxquels il le dédie.

— N'en croyez rien, monsieur. Ce peuple vient de fournir une preuve sans réplique d'intelligence et de maturité, et, de toutes façons, ce sera un honneur assez grand pour servir de consolation, que de l'avoir essayé...

Sept heures. Je quitte le Président. Les couloirs du Sobriané sont obscurs et déserts. Dehors, à la place où le matin tout était solennel, maintenant tout est calme.

De choux aigres et de poulet au paprika, les députés s'en vont souper à la Slavienski-Bessada, où certain petit vin de Vidin, avec le Stanimocka aux reflets oranges, vous occupe le cerveau. Dans la salle enfumée, assis seul en mon coin, sous l'immense portrait du Prince, je les observe et les devine...

Et tandis qu'ils sont là, enthousiastes entre eux, résolus, avec de beaux gestes à présent passionnés, qui semblent accompagner des prédictions et sont comme une acclamation au Temps nouveau, j'ai la vision de ce que pouvaient être nos pères, qui dans une pauvre salle, eux aussi, ont cru et ont fondé !

XII

DE SOFIA A STAMBOUL

XII

DE SOFIA A STAMBOUL

On est captivé, on est heureux, et il faut partir. C'est ainsi. J'ai vécu à Sofia des jours charmants que j'aurai voulu interminables et ils m'ont été comptés.

Dirai-je les projets qui là m'ont traversé l'esprit? Dans ce pays neuf on éprouve comme un vertige d'action, on est pris par l'engrenage de « tout ce qu'il y aurait à faire », et les plus éloignés d'une conception pratique ne peuvent résister à la tentation de saisir l'occasion, — enfin! Un matin, bizarre ascendant des circonstances qui vous enveloppent, je me suis réveillé avec l'idée d'un « Crédit agricole » dont aussitôt j'ai entretenu M. Guechow, le ministre des Finances; une autre fois, très surpris, je me suis constaté tout envahi par la chimère des grandes spéculations. Aussi bien, le Parisien se sent, dans cette atmosphère, d'une supériorité d'initiative et de moyens qui lui inspirent d'irrésistibles velléités.

Mais après le premier éblouissement, cette belle fièvre tombe, c'est une crise à passer, et pour moi, laissant à d'autres, qui seront les bienvenus et trouveront ample et riche matière, le soin de ces choses, j'ai quitté la Ville sans rien poursuivre, naturellement, de ces superbes inspirations, ni rien réaliser, heureux d'emporter seulement le souvenir rare et pur d'une hospitalité reçue, en artiste qui après la folie vulgaire a recouvré son affranchissement des questions médiocres et en ami désintéressé.

L'après-midi de mon départ pour Constantinople, presqu'au moment de ressauter dans le train je me trouvais au Palais; mes bagages étaient partis en avance, je croyais à cinq minutes d'adieux et l'entretien se prolongeait, tandis qu'avec des anxiétés j'interrogeais la pendule.

— Ne craignez rien, vous partirez, me dit alors mon hôte, en faisant jouer le timbre d'une sonnerie, un ordre à la gare et le train vous attendra.

Admirable prérogative dont l'apparence même semblerait chez nous tout un attentat à la liberté de M. Prudhomme stupéfait : le train m'attendait en effet, j'eus la joie unique de noter sur les visages de mes futurs compagnons, penchés aux portières, autant de considération que d'humeur, et je m'engouffrai dans le couloir du wagon.

Maintenant de nouveau c'est la succession des paysages changeants, l'éclipse de l'homme ; sur de grosses caisses d'envoi au seuil d'une gare de marchandises, je lis encore, dernier témoignage des affaires, les noms de Bourgas, Varna, Roustouck, les trois débouchés florissants de l'industrie bulgare, et revoici les troupeaux paisibles qui vont le long des aulnes. Un petit cimetière perdu dans la campagne avec, auprès des tombes herbeuses, la guérite pour prier ; et la sérénité du soir descend, découpant çà et là les ruines d'une porte trajane ou le tracé pierreux de quelque voie romaine.

Avant la nuit, Vakarel, l'ancienne frontière de la Roumélie Orientale ; puis après Ichtiman, l'enchevêtrement prodigieux des forêts, le rempart serré des pins sombres, la reprise des Balkans, les ravins où passent des hordes de renards et des tribus de sangliers, les monts où gronde l'ours. Et Banya.

C'est à Banya, que précédemment, pour me remercier de quelques lignes publiées, S. A. R. le Prince voulut bien, au cours d'une de ses excursions loin de sa capitale, m'assigner rendez-vous; et je n'oublierai point la brève minute vécue là, devant la petite gare de bois, en pleine nature parfumée, sous le ruissellement des étoiles de juin, tandis qu'une source goutte à goutte ébruitait son cristal, et qu'entre les rails, sur les traverses, un grillon chantait. Dès son arrivée, le Prince descendit, vint à moi, me serra la main avec un mot comme il sait les trouver, et ce ne fut pas la moins précieuse surprise de tout mon voyage, que cette entrevue du Prince souverain et de l'écrivain, à l'heure de l'obscure clarté, hors de la contrainte des palais, mais dans la grandeur des choses.

Après Banya, dans la vallée de la Maritza, — Bellova, la patrie des rudes bûcherons, Sarembey où l'on décrit encore les brigands que recélait la profondeur des gorges, Tatar-Bazardchik et son pont, et sur ses sept mamelons de granit, avec ses minarets, piquée de feux rouges, Philippopoli, la ville la plus importante de Bulgarie, la cité des Grecs, des Turcs, des Arméniens, foyer d'action intellectuelle et commerciale, assise de la richesse.

Mais l'ombre a définitivement tout enveloppé, et je me replie devant elle au fond de ma cabine.

Dès ce moment, pour moi, la Bulgarie est finie. Aussi bien, ce que je sais d'elle suffit à me la faire aimer, et j'ai beau me dire que demain s'appelle Constantinople, c'est en repassant tout ce qu'elle m'a laissé voir, que je m'étends et m'endors.

A quatre heures du matin, trois coups secs, puis sur mon seuil, trois hommes noirs, longs, maigres, et coiffés du fez; ils entrent sans façon, et brusquement réveillé, il me semble qu'on va me dire :

— Votre pourvoi est rejeté.

J'ai sous les yeux les inspecteurs de la douane turque à Mustapha.

Ce qui les préoccupe surtout, dans mes valises qui gisent ouvertes, ce sont les livres, et un à un, silencieusement, ils me les confisquent tous, jusqu'à un *Guide-Joanne*. En vain je proteste de son utilité et de son air innocent, mon Joanne les trouve sans miséricorde. Je souris comme il convient de la mésaventure qui me parut avoir son petit goût d'Orient.

Mais ce qu'il y a de plus divertissant, c'est que peu d'heures après, débarquant à Constantinople, le premier livre que j'aperçus à la devanture d'un vendeur de Stamboul, ce fut un Joanne, — un autre : le Joanne est subversif à la frontière, il ne l'est plus, ô miracle, au sein de la ville.

J'achetai donc ce Joanne privilégié et il me servit consciencieusement pendant tout mon séjour; il vécut avec moi, de ma vie de chaque instant, et je songeais déjà à lui faire un sort d'ami dans ma bibliothèque, lorsqu'il eut lui aussi une destinée tragique. Au retour, je l'avais emporté dans la valise qui fut si fatale à son prédécesseur. Cette fois, par exemple, il ne risquerait rien, personne ne nous séparerait. Mais j'ignorais que la Turquie est le seul pays où la visite s'effectue à la sortie aussi bien qu'à l'entrée, — et mon Joanne me fut ôté une fois encore, et il disparut dans l'abîme où s'engouffrent tous les autres Joanne! trois Joanne en huit jours? Je comprends maintenant pourquoi S. A. le Grand Vizir Djevad Pacha, me dit gracieusement qu'il se consommait dans l'Empire beaucoup de livres français.

..... Quand les hommes de Mustapha m'eurent enlevé mon Joanne premier, ils disparurent avec de grands saluts. Je ne pensais pas à leur en vouloir. Si la Turquie ne présentait point quelques particularités pittoresques, il manquerait des fleurons au charme qui la couronne.

Et maintenant, sous le soleil de dix heures du matin, des blés, toujours des blés, rôtis. Trois heures d'espace dévoré et pas un village. On avance, et des blés encore, et parfois la silhouette d'un faucheur à cheval, dont le buste oscille entre les épis; puis Andrinople en amphithéâtre, — quatre-vingt mille habitants isolés de tout, puis des monticules arides, au sommet desquels, çà et là se dressent, sentinelles inexplicables et comme perdues, deux soldats en tunique sombre et en pantalon court, avec le fez rigide, une énorme cartouchière à la ceinture, et le fusil sur la botte.

Cependant, dans le fumoir du train un Turc, monté à Paris en chapeau, paraît-il, vient de reprendre la coiffure rouge qu'il ne quitte plus, et comme d'elles-mêmes, ses jambes vont se croiser sur la banquette de velours; et le petit Turc, son fils, en redingote à jupe réséda, avec une extase d'amour dans ses yeux bruns, d'une voix qui tremble d'admiration, par le wagon, en battant des mains, s'en va clamant :

— Constantinople, Constantinople!

Rien encore, rien que l'éternelle alternance des plaines grillées et des amas sablonneux, — mais tout d'un coup un éblouissement : la mer bleue, la mer de Marmara, aux rives dentelées. Des plages où s'échouent les barques; des stations minuscules de banlieue, des buvettes, des cafés à divans où croupissent les fumeurs de narguilhé et les hallucinés de haschich, des baraquements sordides, des ruelles vermoulues, des taudis en plein air, des agglomérations sans nom d'êtres multicolores et de choses uniformément grises. C'est Venise et c'est le Ghetto, une féerie céleste et une Cour des Miracles.

Heureux ceux qui arrivent par mer, pénètrent par la Corne d'Or radieuse! ils ont le coup d'œil, ils embrassent la magie. Le train lui, en ce moment, semble broyer des débris, et s'avance dans une immensité de misère et de mélancolie pompeuse; les vieux murs de Byzance l'escortent, les murs à créneaux et à barbacanes, tantôt écroulés, tantôt gigantesques, ici en excavation, là en hautes tours, les murs aux tons austères, piqués de touffes, plaqués de lierres, escaladés par la végétation des siècles. Et soudain, au bout de ces murailles augustes, une courbe, un hall vitré, de la police, des interprètes, — Stamboul.

Oh! s'élancer seul, tourbillonner à travers cette formidable nouveauté. Mais impossible de faire un pas en liberté, et flanqué de mon drogman encore obligatoire, qui parle, pense, agit pour moi, je me fais l'effet d'un pauvre oiseau rivé au perchoir.

XIII

UN MONDE SUR UN PONT

XIII

UN MONDE SUR UN PONT

Au milieu du « Grand Pont » qui relie, par dessus la Corne d'Or, Stamboul à Péra, la Constantinople des fils du Prophète, des d'jamis, des turbés, à celle des Ambassadeurs et de la Banque Ottomane, je suis debout, battu, soulevé dans un formidable va-et-vient, comme une algue par la houle.

Cent mille êtres passent par

jour sur ce pont de bois, aux planches incertaines, aux tronçons frémissants, et en un jour, par les mains des receveurs en longs sarraux blancs qui aux extrémités, avec des façons primitives, perçoivent le péage, il donne six mille francs à l'amirauté.

Et c'est ici le lieu où par excellence opère l'enchantement, dans la perspective des trois villes qui sur trois avancées de terre forment Constantinople.

Devant soi, l'amphithéâtre de Péra où scintillent des jeux de lumière, la Tour dominatrice de Galata qu'élevèrent les Gênois, l'étagement des toits de toute forme, qui va du havre de commerce au vieux port de guerre, avec le quartier de Fondoukli où les aigles accroupis de l'ambassade d'Allemagne, massive comme une caserne, regardent le Bosphore; Top-Hané emplie d'artillerie, Kassim-Pacha où dans l'anse se mirent les chapitaux du Palais de la marine; puis, au-dessus, Pancaldi aux guinguettes de Robinson et, là-bas, au loin, dans le recueillement des grandes forêts, le Palais impérial d'Yldis. Derrière soi, Stamboul qu'enferment les antiques murailles de Byzance, la Stamboul de la Sublime-Porte, des ténèbres du Bazar et où, parmi les minarets vénérables, se dresse la blancheur et l'or récent du Séraskiérat; ô sainte Sophie, ô mosquées de la Validé, de Suleimanié, de Sélim, de Mehmedié, prodigieux sanctuaires du passé, où l'on donne à Allah ses cent épithètes et qui, de la pointe de Seraï au fond du faubourg d'Eyub, se découpent en rond sous le ciel plein de poussière lumineuse, on est là comme sous votre protection, on vous sent dans l'air, et quelque chose de votre grandeur sacrée vous pénètre!

A gauche, sur les deux rives de la Corne d'Or qui vont toujours se resserrant, l'éparpillement des faubourgs, Balata, et le quartier grec du Fanar; au delà, la flotte majestueusement à l'ancre, et plus loin c'est comme l'arrière-boutique de la vie maritime : bateaux à voiles, vieux chalands, radeaux, carcasses, coques, cheminées, machines d'un autre âge : mais à travers ce fouillis de bois et de fer, rapides et légers, les caïques innombrables, sur les eaux d'où monte l'odeur forte du goudron, s'insinuent, filent, glissent, ainsi que des mouches sur un miroir. A droite, les passerelles, les pontons sur lesquels on donne à boire, les embarcadères pour le Bosphore et les Iles ; immense grondement de vapeur, écho de chargements, bruits d'amarres, coups de cloches, dans l'air empli de charbon ; sur les bateaux énormes, de tous pays, des ombres noires qui gesticulent, des torses nus, des râbles fantastiques cassés à la manœuvre : mais à quelques brasses tout redevient radieux, d'une sérénité idéale, avec le bleu du Bosphore où se mirent les palais de marbre et le bleu de la mer de Marmara qui fuit vers le large.

Et voici la troisième ville, sur le sol d'Asie, couchée sur les dévallements du Boulgourlou, Scutari d'où l'islamisme s'est dirigé vers l'Europe, avec son grand cimetière tout sombre d'arbres sur le fond clair des monts de Bithynie.

Regarder, oh! regarder toujours, pouvoir accrocher en son esprit cette image comme le plus merveilleux tableau du plus grand maître qui soit, emporter cette couleur, cette lumière, et à jamais vivre avec devant soi ceci qui ferait pardonner à la vie!

Mais tandis que je suis là, éperdu de contemplation, ivre de choses, allant de la réalité à son reflet dans le flot, le Pont, carrefour des races errantes, suprême rendez-vous des nations qui en sont à leurs derniers hommes, étale autour de moi, sur moi, la confusion de tous les peuples d'Orient.

Le burnous blanc de l'Arabe se frotte à la fustanelle de l'Albanais et du Bulgare; la veste saphir du Monténégrin brodée sur toutes coutures, flamboie à côté du cafetan chaudron d'un vieux musulman; le turban de mousseline tordue croise la coiffure d'astrakan, en forme de tour, du Kourdes; l'Arménien, le Géorgien, le Syrien, le Maltais, le nègre de Nubie défilent devant un Tzigane accroupi, qui regarde passer un Cosaque.

Le derviche tourneur, sorti de son tecké, et l'iman qui va recevoir un medjidié pour vous montrer les pigeons sacrés de la mosquée de Bajazet, ou les mosaïques bibliques de Sainte-Sophie, — badigeonnées là où elles reproduisent des figures humaines dont la représentation est interdite par le Coran, rencontrent le prêtre grec en robe et toque noires, aux cheveux tressés, ou le carme en tournée d'œuvre, les mains perdues dans le brun de ses manches; un marchand d'herbes de l'archipel offre de sa hotte à des Anglais casqués de gaze qui font public à un vieux guérisseur orné du bonnet, en train d'ôter au couteau ses rhumatismes à quelque juive fidèle, au costume de Rebecca et de Ruth.

En redingote noire, longue et boutonnée sur son malheur, c'est un eunuque, mouvant avec peine sa croupe énorme d'engraissé triste, en l'accomplissement de quelque louche besogne; d'autres, le poing crispé dans des gants de fil blanc, le regard fouilleur et menaçant, la bouche en gueule de chien, passent sur le siège d'un coupé qui file sous le soleil, *guarda, guarda !* et qui disjoint les planches sous son roulement.

A l'intérieur, par les glaces baissées, ô vision rapide de deux formes voilées, alanguies dans les plis du féredjé de soie violette ou d'un tendre vert, et pourtant comme au guet, aux écoutes, de ce qui est pour elles la Vie de Tantale!

Où vont-elles, ces deux créatures si doucement enfantines qu'on n'oserait les toucher, libres pour une heure, sous cette surveillance, et sous celle aussi de n'importe quel inconnu, quel passant, de tous les musulmans en masse, qui se considèrent comme les contrôleurs et les gardiens au dehors des femmes de la religion. Elles vont voir déballer des étoffes de Brousse, des tissus de Madras, les essences de cèdre, les chapelets d'opale, dans l'obscurité d'une arrière-boutique chercher un peu d'action, et qui sait? un peu d'espérance, les yeux et les ongles peints.

Soudain, au bout du pont, un remous : le feu vient d'éclater près du marché de Balouk-Bazar, dans dix maisons de bois, et là-bas, courant par bandes, ce sont les pompiers, pieds et jambes nus, les coudes au corps maigre, le turban défait; la petite pompe carrée, marquée de roses et de croissants, qu'en se relayant sans ralentir ils portent sur l'épaule, tressaute, bondit, et ainsi, l'œil farouche, avec des cris, ils s'élancent au secours comme si c'était au pillage.

Mais nulle émotion, ce Macédonien qui colporte sur son dos un quartier de viande sanguinolant n'a voulu s'apercevoir de rien, cet agent de police aux aiguillettes vertes n'a pas bronché, cet esclave couché n'a pas quitté le ciel des yeux; cette belle Circassienne ne daigne point changer son pas solide; la tunique cachemire de cette Persanne, comme la sombre robe de cette femme de Trébizonde, n'ont pas eu un frémissement : ainsi jusque dans la nuit, sans trêve, le Pont continuera de charrier ces couleurs, — on se croirait plongé tout d'un coup dans le seau d'un peintre de décor, et de rouler ce flot énorme, tranquille pourtant, et qu'aucun incident ne serait capable de détourner.

Non, pas un bruit de voix, pas un rire, à peine un mouvement;

dans cette foule affolante que rien n'affole, il en est cependant pour qui c'est fête! — il y a toujours quelque fête en célébration à Constantinople, le vendredi spécial aux Turcs, le samedi aux Juifs, le dimanche aux chrétiens, le mardi aux Grecs : mais les visages ni les allures n'en disent rien, les âmes n'en sont pas plus légères. Lentement, gravement, tout cela va, vient, et fume.

Quoiqu'il ait été interdit de fumer sur le Pont, le tabac sous toutes formes s'y consomme, et on la regarde jusqu'à la rêverie, cette fumée qui en se disloquant partout, trace dans l'atmosphère bleue comme de petits caractères d'écriture turque. Aussi bien, tant pis pour qui s'appliquerait à surprendre là le secret d'un but, l'effort d'une pensée impatiente : c'est la marche au Destin, c'est l'insoucieuse remise de soi-même une force qui règle toutes choses et y pourvoiera, c'est un admirable dédain de ce qui peut bien se passer à côté. Et le temps n'existe point, et l'heure n'a pas de prix.

Parfois, cependant, dans ce silence, et dans cette inertie répandue qui dominent l'Occidental et peu à peu le réduisent, vibre une voix, s'esquisse vers vous un geste hardi, plein d'une étrange beauté : la beauté dans la supplique et dans la mendicité.

Dans Constantinople, la mendicité est auguste : çà et là, contre les murs, quelque vieillard à longue barbe, en immobilité, les genoux pliés et les yeux clos, grave ainsi qu'un cheik ou un prophète, invoque par son attitude seule le passant, mais c'est comme un honneur, une grâce qu'il lui fait : sur le Pont, la mendicité est enchanteresse. Là, un tourbillon d'enfants s'abat à demeure, une petite fille que ses douze ans créent femme déjà le mène, et elle est irrésistible.

Sous la loque à rayures qui lui flotte à mi-jambes halées, on sent tout le nu d'un corps frêle qui plie, s'enroulera en liane pour quelque nomade amour, et déjà parfait; elle n'a sur sa poitrine qui pointe qu'un mouchoir mal noué, et le soleil prend tout ce qu'il veut de sa peau brune, ardente comme lui. Les cheveux noirs en hallier, elle vient, elle approche, et quel regard brûlant de convoitise pour quelques misérables paras cabossés! il vous brûle comme d'une caresse; il est humide aussi, suprêmement noyé, il vous entraîne; et quelle pose! Comme pour une danse ou une étreinte savante, lascive, tentatrice, — et c'est, pour l'aumône, la mise au jeu des ressources complètes de la plus experte coquetterie. Un sourire damnant, qui provoque, illumine ces lèvres marmottantes, et soudain elle se fait plus troublante, voluptueuse qu'une musique, cette voix qui murmure à coups redoublés :

— Bacchiche! Bacchiche!

On donne, — mais aussitôt qu'on a donné, le charme se casse, toute cette merveille tombe net, sans transition, sans un remerciement, et tandis que l'enfant se détourne, il ne reste de sa sorcellerie qu'un regard d'implacable mépris.

Enfin, les yeux lourds, le front las, on ne peut supporter le Pont davantage, on veut, il faut le fuir, — et l'on reste, on y revient invinciblement.

C'est qu'en plus du pittoresque inconcevable, de l'histoire vivante qu'il déroule ainsi, il fournit au spectateur attardé une occasion de sensibilité qui le rehausse à ses propres yeux en trompant délicieusement son égoïsme : devant ces épaves de races, ces débris qui ne se consolent pas entre eux, comment ne pas éprouver un peu de cette compassion dont on est toujours fier, et comment n'être pas amené à s'embellir d'un beau rêve de fraternité !

Oui, une envie vous saisit d'aller à ces êtres vagues, qui se trouvent environnés pourtant par tous les progrès d'un vaste empire et de leur crier : « Mon pauvre frère ! » de leur entr'ouvrir l'esprit, la conscience, de leur révéler l'âme !

Mais sans doute ils vous fixeraient, vous écouteraient bien étonnés, avec un peu de défiance aussi pour les supériorités, les soi-disant bienfaits de la civilisation; et peut-être, aussi bien, n'ont-ils pas tort, et le vrai bonheur est-il encore dans la contemplation de ce Bosphore sur les flots duquel passent les alcyons et les grèbes, et où le pêcheur va prendre l'ulufer au clair de lune, à l'heure où l'air est de miel, où des parfums tombent de toutes les fleurs, de toutes les feuilles, et des tendresses de toutes les étoiles!

XIV

LA PRIÈRE DE S. M. LE SULTAN

XIV

LA PRIÈRE DE S. M. LE SULTAN

...Ce vendredi, pour accomplir, comme chaque semaine, l'obligation que lui impose son titre de calife, S. M. le Sultan devait se rendre à la mosquée de Hamidié, construite sur ses dessins, tout auprès du palais impérial d'Yildis-Kiosqué où il réside, là-bas, sur les hauteurs, au-dessus de Péra, presque dans la campagne de Constantinople.

Cette sortie du Maître auguste qui se fait ainsi visible, et cette station de prière sont une institution, et font une prestigieuse cérémonie de mœurs. On appelle cette cérémonie le « Sélamlik » ; toujours, pour l'étranger, elle est une des premières suggestions de cette vie inconnue en laquelle il se trouve si brusquement immergé, et, en faisant là acte de présence, s'il assouvit avec un rare bonheur ses curiosités, il remplit aussi comme un devoir de politesse et de respect.

La place d'où il verra, d'où peut-être il sera vu, est d'ailleurs désignée à l'avance et consacrée, en un pavillon spécial dont un officier fait les honneurs, ou sur le terre-plein élevé qui le précède, en face même de la mosquée, très modeste et intime en son immaculée blancheur, avec son minaret unique et sa petite coupole, ronde comme le genou impeccable d'une déesse.

Dès onze heures, dans la chaleur doucement prenante du clair matin, je suis donc rangé, sur le terre-plein qui domine tout le spectacle, près d'un arbre dont le tronc est captif dans la maçonnerie, mais dont les branches libres donnent de l'ombre et de l'appui, et je regarde.

Sous moi, la chaussée large, en pente roide, où tout se développera, avec, à gauche, au bout de la montée, les portes si bellement solennelles qui vont livrer passage au Maître de tout; à droite, en contre-bas, l'avenue d'accès public, poudreuse, houleuse, pleine d'un bruit de voitures et de cavalerie qui approche; de l'autre côté de la chaussée, isolée dans l'air, la mosquée ceinte d'une grille qui ménage en avant un vaste espace libre, et par delà, dans le lointain, la ville qui descend avec ses toits carrés et bas, ses « d'jamis », ses palais aux dentelles de marbre et ses cyprès vers le bleu de la Corne d'Or et le bleu du Bosphore, fondus avec le bleu du ciel.

Et sur tout cela une brume légère, amortissante, qui est sur les choses comme le voile blanc au front des femmes turques, et sur cette immense, cette paradisiaque étendue, que l'œil embrasse mais qu'on voudrait étreindre, une paix lourde.

Aussi bien, la vie de tout, c'est ici ; le cœur de la Ville comme celui de l'empire se résume et va battre sur le point précis où je suis. Et en cet instant inoubliable j'ai une sensation de toucher à quelque tabernacle, et d'être admis à connaître l'essence même de ce qu'il y a de plus grand.

D'ordinaire, à vrai dire, on ne sait point par avance dans quelle mosquée le Sultan fera ses dévotions ; c'est à la dernière heure que les ordres s'élancent du palais et jusqu'à la suprême minute, malgré l'apparence même, il peut y avoir surprise : mais voici des attachés de toutes les ambassades dont la présence au passage du Sultan constitue une tradition d'hommage, les consuls, les drogmans, des visiteurs officiels, et voici que sur des charrettes on amène en hâte des sacs de sable qu'on éventre et vide sur la chaussée...

C'est donc bien la mosquée Hamidié que le Sultan a choisie, — et aussitôt le décor change; immobile dans l'expectative, tout un peuple de fonctionnaires et de serviteurs échelonnés, s'inquiète, s'agite, vole, les ordres se heurtent, la porte de la mosquée s'entr'ouvre, on déroule les tapis, les troupes massées non loin et qui n'attendaient qu'un signal, s'ébranlent et, dans ce fourmillement de tout, où les uniformes de cour et les longues, les mystérieuses redingotes noires boutonnées jusqu'au col, les turbans et les fez, les sabres d'apparat et les balais se croisent, fanfare en tête, elles viennent se poster en haie.

Long et nourri défilé où, dans une ardente allure, se pressent ces soldats que leur courage et leur endurance ont fait célèbres, ceux de l'infanterie de marine avec le col bleu, et sabre au clair; ceux des régiments syriaques dans l'uniforme de nos zouaves, hauts sur jambes, larges d'épaules et admirablement redressés jusqu'à la roideur, eux, les soldats du soleil; tandis qu'ils prennent position à l'infini, la musique, aux cuivres puissants, ne cesse point; une marche répond à l'autre, dans l'air naguère si langoureux, éclate comme une allégresse de vaillance, — et puis, brusquement, tout se tait...

Maintenant, sur une immense surface, toutes choses sont accomplies, conformément à l'ordre; chacun a opéré à sa place, et cela s'est fait comme par enchantement; l'armée, la foule, et pas un mouvement, pas un souffle. Magnifique silence, qui est l'œuvre de la discipline, mais aussi l'œuvre émouvante d'un sentiment.

Pendant un long moment, prélude saisissant, il règne ainsi, il plane, il vous met au cœur je ne sais quelle délicieuse angoisse d'attente et d'aspiration vers quelque chose de supérieur, et pour le rompre, c'est bien en effet une voix d'en haut qu'il fallait — c'est celle du Muezzin, qui vient de paraître au sommet du minaret, dans la galerie; il se détache sur le ciel, et de ses grands bras au geste passionné, avec des modulations tout ensemble impérieuses et rauquement plaintives, par trois fois, appelle les fidèles à la Prière!

Alors, vers le Palais, une sonnerie de trompettes, qu'avec la Marche impériale, les musiques, çà et là, couvrent aussitôt; au front des régiments qui, d'une pièce, présentent les armes, passe un même bruit de crosses qui volent d'une paume à l'autre, — on dirait du vent roulé sur des roseaux; je me découvre, quelqu'un à côté de moi vient prier une Anglaise de mettre lorgnette à bas; des hurrahs formidables de dix mille poitrines ont jailli, la tête d'un cortège s'avance, les ministres chamarrés, les pachas sur deux files, les généraux, un espace vide, une calèche attelée de deux chevaux blancs aux harnais miroitants et dans le fond, ayant en face de lui Osman-Pacha, le héros de Plewna auquel cet honneur toujours appartient, — S. M. le Sultan.

Je n'aurai pas l'imprudence de chercher en une si brève vision l'occasion d'un portrait. Mais comment ne pas retenir la finesse extrême d'une telle physionomie, la vive force d'intelligence qui fait, pour ainsi dire, sur tout elle explosion ? Et comment n'être pas impressionné par ce regard qui fixe, interroge, s'informe même en passant, tout en s'adoucissant de bienveillance.

Volontiers pour ceux qui subissent la légende, un Sultan doit être quelque mythologique personnage qui vit derrière un grand mur tout en or et en arabesques : une seconde suffit pour reconnaître en S. M. Abd-ul-Hamid II l'expression d'un maître souverain, mais averti, soucieux du progrès, et mêlé à son action. C'est bien lui qui a ouvert des écoles, des bibliothèques, des hôpitaux, et à le voir ainsi, tout de suite il révèle l'homme qui a une œuvre en train, qui veut en être la pensée généreuse, et le bras.

Mais à peine ai-je osé poser mes yeux, la voiture est loin. Maintenant, une suite de cortège tourbillonne, S. M. le Sultan a franchi la grille, des dignitaires le reçoivent cassés vers le sol, il monte seul d'un pas de leste jeunesse le perron, la tache rouge de son fez, son pardessus brun au revers flottant disparaissent, les portes jouent, la mosquée se referme sur lui, le saint mystère l'a recueilli, et soudain c'est comme si la chaleur et la vie s'étaient retirés de tout.

Alors, tandis que de nouveaux ordres se distribuent, que

vont et viennent les Excellences, les Effendis qui s'épongent, les officiers, les piqueurs, les porteurs de valises, les coureurs, je songe à l'éloquence de cette minute où, au su de tout son peuple, en grande pompe, le Maître de toutes les Turquies se prosterne devant Celui, de quelque nom qu'on l'appelle, qu'a dit Bossuet.

Je me demande ce qu'elle peut bien être, la prière des Rois, des Empereurs, et des Sultans à Celui dont relèvent tous les Empires, et je me plais à me la figurer féconde en lumière, en justice et en bonté. Ce qui est certain, c'est que ces Vendredis de Selamlick sont davantage pour ceux qui ont besoin de faveur, d'indulgence ou de réconfort, des jours d'espoir, et ce qui est certain aussi, c'est que lorsque S. M. le Sultan ressort de la mosquée, c'est avec un sourire....

Mais une autre voiture l'attend, dans laquelle il monte aussitôt, un duc avec deux alezans qu'il mène de sa main; derrière sa voiture, courent pêle-mêle les dignitaires et les pachas essoufflés; le même cérémonial le reconduit, maintenant il repasse devant nous, il sait déjà le nom de tous ceux qui sont venus et il a daigné envoyer un aide de camp les saluer.

A nouveau, avant que l'apparition ne s'évanouisse, si noble et si belle en ce cadre unique de par le monde, je l'enfonce en mon souvenir. Aussi bien, c'est une troublante sensation qui vous saisit à songer que celui que l'on vient. de voir ainsi représente l'âme même de la Turquie, et, d'après tout ce qui s'est accompli déjà, elle n'en a jamais trouvé pour la comprendre, l'aimer et la garder, de plus haute.

Hélas! on a beaucoup écrit déjà sur ce coin de terre, finistère d'Europe. En tout cas, avec ce palais d'Yildis, ce qui veut signifier le palais de l'Étoile, et avec ce Croissant qui flotte sur le drapeau, il y a de quoi lui porter bonheur, — à lui qui a pris tous ses symptômes dans le ciel!

XV

TASSE DE CAFÉ

XV

TASSE DE CAFÉ

Ni or, ni velours grenat : mais presque à chaque pas une boutique basse, aux murs blanchis ; une natte à terre, un fourneau, un divan circulaire, bariolé, défoncé, où se marquent les genoux en croix, les accroupissements. C'est tout.

Parfois un carré de toile jaune, qui part du seuil, s'accroche à quelque arbre, ou dans les ruelles, aux maisons d'en face, et fait tente, avec dessous, des escabeaux, sur les pavés gras, noirs, déchiquetés ainsi que des récifs.

Dans une petite bouilloire de cuivre, étranglée au col, enflée au ventre, et présentée au bout d'une longue tige, comme serait un chapeau par la baguette d'un prestidigitateur, à tout coup se renouvellent et se mêlent le café réduit au cylindre en une poudre qui file entre les doigts et la poussière de sucre; à l'ébullition, on verse dans des tasses minuscules que les plus frustes doigts manient avec un charme de noblesse; puis, la poudre lentement descend au fond, et sur ce lit boueux viennent reposer quelques gorgées de la plus exquise essence.

Qu'on le consomme ainsi dans une échoppe, ou qu'on le reçoive dans l'antichambre d'un grand vizir, apporté toujours sur un guéridon, avec les cigarettes, comme pour faire croire au visiteur, un fâcheux souvent, qu'il est l'hôte bien accueilli — partout, le café est impeccable, inoffensif par sa pureté même; et il n'y a pas d'heure pour lui, il n'y a ni opulence ni misère, il accompagne les cérémonies comme les rêves, les jouissances aussi bien que les soucis et les corvées; on le prend pour avoir une excuse à regarder s'avancer quelque belle Arménienne aux longs cils et parce qu'on va se faire raser...

D'ordinaire, le maître du café tient en même temps établissement de barbier; debout, avec le turban et la veste turque dans le cercle des buveurs qui s'éternisent, les yeux perdus sur le serpenteau du narguilé, en l'odeur du moka et du savon, il exécute des tours agiles de rasoir, au besoin arrache les dents, redresse les entorses.

Mais sans un mot, sans une saillie divertissante, sans un sourire.

Et autour de lui, le silence aussi; non, pas un appel, nulle parole; c'est un silence irritant, angoissant, qui ferme et noircit tout en vous, et tel que je n'en sais point. O délectation morose, tristesse de la tasse de café qui là-bas, n'allume rien ni au cerveau ni dans les nerfs, — je bois à la lueur d'alcool et à l'âme parlante du Vin !

XVI

ESSAI D'INVESTIGATION

XVI

ESSAI D'INVESTIGATION

Il est malaisé de causer, à Constantinople. Ceux qui par état sont informés, opposent un silence qui reste comme le suprême témoignage du respect au souverain ; ceux qui ne le sont pas, n'éprouvent réellement aucun besoin de l'être, et se réfugient dans une foi invulnérable en la sollicitude du Maître.

Je me suis rencontré plusieurs

fois avec un homme éminent, averti sur toutes choses, — et fluide; inutilement, j'ai voulu induire en tentation sa finesse d'observation, provoquer la coquetterie de son expérience.

— Ah! il est vrai disais-je, patelinement, qu'il est difficile d'améliorer un pays où par la diversité des races le sentiment de patrie est inaccessible, où par la condition imposée à la femme, le foyer n'existe point, et où la Religion elle-même, suprême sauvegarde, en quelques-uns commence à s'obscurcir...

Et je disais aussi :

— On a cité les plaies de la Turquie, il est certain qu'elles existent, et des réformes sont indiquées; vous avez réussi à restaurer vos finances, le gouvernement de S. M. le Sultan a reconquis les confiances, il est impossible que vous n'arriviez pas à parfaire cette œuvre en visant les pratiques du fonctionnarisme, l'administration des vilayets, les biens du clergé...

Mes insinuations d'ami demeuraient sans réplique, et à chaque fois un nouveau sourire les infirmait. Étrange sourire, et rare, d'une essence qui nous est inconnue ; sourire bienheureux d'un homme qui s'incline, se soumet, patiente, et laisse faire « le temps, la Justice et son Roi. »

Pourtant quand j'esquissai la question étrangère et dis les sympathies déjà datées de la

France pour la Turquie, mon interlocuteur comme par miracle, manifesta.

— Oui, fit-il lentement, la France aurait raison de se soucier de notre conservation. Elle est indispensable à la vie calme de l'Europe. Nous sommes le cran d'arrêt. Si entraînée par des amitiés récentes, répudiant une politique qui est de son intérêt et dans sa nature même, la France permettait qu'on nous entamât d'une parcelle seulement, demain la carte slave, qui attend, déjà dressée, deviendrait une réalité, vous auriez ici une puissance nouvelle, unifiée et menaçante, la puissance slave qui pèserait lourdement dans la balance, et rendrait l'équilibre à jamais instable. La modération de S. M. le Sultan, sa volonté conciliante ont empêché déjà bien des conflits : souhaitons que l'avenir permette à ceux qui voudraient nous voir éliminés peut-être, de se rendre compte que du fait de notre absence, l'Europe serait départagée de telle façon qu'il sera imprudent d'y vivre...

Et satisfait de sa prophétie, qui en vérité allait au delà d'un plaidoyer pour sa maison, mon hôte appelant d'un coup de timbre un nègre à fez qui se précipita, se fit mettre en main son bout d'ambre et alluma sa cigarette, tandis que dans la serre où nous étions voltigeaient, sur les palmiers, des oiseaux de paradis.

17.

XVII

LA BAGUE QUE J'AI AU DOIGT

XVII

LA BAGUE QUE J'AI AU DOIGT

Une turquoise de Macédoine, achetée au Bezesten, dans le grand Bazar qui est toute une ville obscure en la ville, avec ses rues, son boulevard, ses impasses, ses carrefours, ses places, ses fontaines à ablutions, ses mosquées, son peuple et son aristocratie.

Un carré immense de trente, soixante, cent petites coupoles, rivées étroitement les unes aux autres, champignonnées, percées, dans le plomb qui les recouvre, d'un judas par où filtre le jour, sur les dalles et les pavés des longues galeries, en labyrinthe. C'est dans un air de cloître ou de tombe, le marché somptueux de l'Orient. Sous les arcades sans fin, gîté en ces dédales, un monde pullule, travaille, intrigue, cabotine : artisans et vendeurs de tout, recéleurs de chefs-d'œuvre, guetteurs, rabatteurs, ensorceleurs, floueurs ; on est dans mille mains et pas une ne vous fait grâce ; la faconde polyglotte, la diplomatie, la force d'enveloppement de ces marchands, — et leur endurance sont inéluctables. Chaque spécialité a son quartier, et à chaque étape l'assaut est donné au visiteur dont les oreilles tintent, dont les narines battent, et de qui les yeux deviennent fous.

Le bazar égyptien vous étreint dans l'arome de ses drogues ; l'ambre gris, la muscade, la cannelle, l'opium, le henné, le santal s'entassent sous une voûte, par monceaux en pyramides. Les parfumeurs vous versent l'ivresse des sachets au jasmin et au musc, des essences de rose, des pâtes à la bergamote, des poudres d'aloès, des savons à la feuille d'oranger, des onguents à l'amande. Plus loin, les tapis, les étoffes, les broderies, le bazar des pipes lui-même vous jettent l'aveuglement de la couleur, produits de Karamanie, de Perse, de l'Inde, de Brousse, du Caire, de Tunis, du Japon, surtouts, écharpes, châles, voiles, gandouras, mousselines en arc-en-ciel, babouches, tarbouchs, chiboucks à entre-deux de velours, féredjés, pantalons de soie écarlate, corselets d'un jaune d'or, ceintures d'un vert de malachite, — et jusque dans les ténèbres du Bit-Bazar, le Bazar des guenilles et des poux, la Couleur irréductible, la Couleur implacable vous poursuit. Puis c'est le papillotement des armes, — poignards ciselés, lames scintillantes, manches incrustés des kandjiars, vieux mousquets damasquinés, pistolets aux crosses de cuivre flamboyant, fontes d'acier du korassan, fourreaux où le rubis s'enchâsse, cuirasses serties de corail, et enfin la fulguration des pierreries.

Je reste là, posté devant les vieux coffres, dont l'armature de fer rouillé a grincé en s'ouvrant pour moi. Vieux coffres, vieux marchands à barbe longue, vieux ais de la boutique : mais, dans cette misère rayonne l'immortelle beauté de Golconde. Tandis que. non loin de moi les trayeurs d'or sont au métier et que crie la bobine à filigrane, ma main plonge dans le trésor des colliers, des bracelets, des serpentins, des chapelets, des agrafes, des épingles, des anneaux de jambe, des boucles d'oreilles, des broches en fleur, des croissants, des étoiles. Et dans une tasse crasseuse, des perles serrées comme des grains de mil ; et sur des assiettes ébréchées, des montagnes de diamants, — de lumière; et sur d'autres, les émeraudes et les topazes; et sur d'autres encore, toute une gamme de bleu, le saphir, le lapis-lazuli, la turquoise.

Le marchand au turban maculé, drapé dans sa robe brune qui s'effiloche, me sourit de toutes ses dents noires et m'invite à choisir de son doigt crochu. Où trouverai-je mieux que chez lui ? Allah lui a permis de collectionner ce qu'il y a de plus riche sur terre. Mais choisir ? Que prendre parmi ces merveilles, que « pouvoir » prendre ?

Autour de moi sont groupés les marchands voisins, les courtiers, les curieux. C'est un charabia assourdissant, un concours extraordinaire de mimiques. Et gêné, je ne sais.

Mais tout d'un coup, deux femmes se sont approchées, suivies à distance, chassées plutôt en avant par les eunuques dont la prunelle furète. Elles s'arrêtent et s'intéressent. Ce sont deux femmes turques, dans le féredjé de soie changeante, qui flotte sur la jupe noire. Sous le voile blanc qui les coiffe, leur nez arque sa forme fine, leurs lèvres qu'on devine font un point; seuls les yeux vivent libres, des yeux très doux en leur effarouchement.

L'une, la plus petite, risque quelques pas de mon côté, et légère, balançant sa taille souple, regarde. C'est moi qu'elle a regardé, oh ! de quel regard furtif, rieur au fond, caressant quand même ! dois-je en être fier ? non, c'est la joie seulement de tromper une seconde l'espionnage hideux de son gardien, c'est le trouble délicieux d'une émancipation passagère. Mais on dirait qu'elle a compris, qu'elle participe à mon embarras, qu'elle veut choisir pour moi..... Ses yeux vont du diamant au saphir, hésitent, réfléchissent, brillent, m'interrogent et se posent un instant, pour finir, sur l'assiette aux turquoises : positivement, il me semble que ses cils ont battu, qu'elle m'a fait un signe, qu'elle a fléchi exquisement son col frêle, qu'elle a voulu m'indiquer son goût à elle, — et puis d'un pas lent elle s'éloigne, emportant le mystère de sa pensée d'enfant, le secret charmant de sa coquetterie, et disparaît avec des fragilités d'oiseau, dans l'ombre humide des portiques.....

Mais j'ai pris la turquoise qu'elle m'avait signalée en se jouant, je la garde, je la porte, il y a sur elle quelque chose de l'Orient défendu, un peu de rêve : il y a sur son bleu cette rareté, — le regard d'une odalisque.

XVIII

VIE AU JARDIN DES « PETITS CHAMPS »

XVIII

VIE AU JARDIN DES « PETITS-CHAMPS »

Un simulacre d'Europe, un coin haussmannesque rencontré tout d'un coup dans le laisser-aller imposant des choses. Des chemins tournants et ratissés, des bancs de square, la rocaille et la flore de la nature artificielle, à deux pas de ce que la Nature a répandu de par le monde de plus auguste.

D'un côté, une trouée qui dégringole vers la Corne d'Or où se balancent les mâts enchevêtrés des navires de guerre ; de l'autre, la grille qui fait ceinture sur la rue, où file le tramway jaune à rideaux rouges qui descend vers Galata ; la rue pleine d'hôtels neufs, devant lesquels des landaus stationnent ; de guéridons amenés sur la chaussée, du fond des brasseries modernes et des cafés obscurs ; de commissionnaires couchés, la tête sur leur boîte de cuivre où luisent des soleils en relief ; de sarafs qui trafiquent de la monnaie et de la monnaie de la monnaie ; de marchands de cigarettes, de tissus brochés, de rosaires, de sorbets, de khodjaf aux fruits, de pistaches grillées et de pralines, de lokoums et d'essences.

Cinq heures du soir; dans le kiosque qu'entourent les tables rondes et les chaises de bois blanc, les musiciens ont pris place au pupitre, et voici venir, glabre et l'œil déjà inspiré, leur chef en habit noir, un cabochon de taille sur le plastron de sa chemise, avec des cheveux longs, d'un blond huilé, sous un vaste feutre mou; singulier personnage du Rhin romantique, tout imprégné d'importance, et avec quelque chose d'une valse perpétuelle dans la démarche.

Il attaque le programme tracé au pinceau, sur une planche noire, — et peu à peu tout s'emplit, et s'agite.

Par flots, des familles arrivent, les mères, les jeunes filles, et tranquillement assis devant mon zarf de café à la turque, ma canne entre les jambes, les deux paumes et le menton dessus, à pleins yeux je regarde s'approcher cette rareté de la rue et de la vie extérieure ici, — des femmes.

Ah! la volupté de se rafraîchir le regard, d'être comme rapatrié dans la douceur du sexe! On a beau penser, écrire et dire contre les femmes, ce sont elles qui créent l'atmosphère et font le sourire des choses. . . .

Dans cette admirable Ville qui vous prend tous les pores, vous ouvre tant de sensations, et qui elle-même s'intitule la Fée aux mille amants, on sent peser sur soi la peine de l'homme seul; rues où ne passent que quelques ménagères vagues et pressées; boutiques, — merceries, modes, où derrière le comptoir ou la machine à coudre on n'aperçoit que l'homme au fez imperturbable; volets mi-clos, moucharabis où l'on n'entrevoit pas même un bout de voile blanc qui tremble : on est comme amputé de la moitié du genre humain et appauvri de ce qui est en réalité le meilleur de soi...

Aussi, l'impression délicieuse, quand sur le gravier du jardin, des robes, de vraies robes glissent, froufroutent, miroitent! Enfin, peut-être le hasard qui est resté le pseudonyme de Dieu quand il ne veut pas se faire connaître, jettera-t-il à travers cette foule promeneuse quelqu'un de ces types que l'Orient langoureux, et pourtant jaloux âprement, enfouit au plus profond de ses trésors? Qui sait si, par une grâce inespérée, je ne vais pas voir apparaître soudain quelque front pâle, idéalement, comme un reflet de lune, avec des yeux bruns au pur velours, des yeux de gazelle et d'enfant?

Non, celles qui viennent ce sont des blondes, au regard d'un bleu fluide, joliment rondes, avec dans l'allure une solennité de femmes qui ont lu Gœthe et les journaux; épouses de commerçants et de professeurs au Lycée, ancrés dans la Ville, Allemands, Autrichiens, Suisses, Grecs, —

ô Miltiades, ô Darius! Quelques rares Françaises : le Jardin, c'est le triomphe de la colonie.

Mais les étoffes claires y ont des coupes harmonieuses, les chapeaux des fleurs qui sont gaies, et c'est une surprise que de recevoir dans l'âcre et pénétrante odeur qui monte de la mer, comme une bouffée de l'air des magasins du Louvre.

Après plusieurs tours d'exhibition, — naguère c'était à la promenade des Eaux douces qui enthousiasmait si fort Gautier, — on s'assied entre soi, par petits cercles où les jupes bouffent. Ma voisine commande une sardine fumée, avec des olives noires, un godet de mastic de Chio ou de moskatel de Négrepont;

plus loin, à cette heure du goûter, c'est un concombre au gros sel qu'on apporte, une main délicate le pêle amoureusement, des dents blanches y mordent jusqu'aux pépins et la causerie s'engage avec une politesse étalée, une vanité de civilisation.

Oh ! les infiniment petits sujets pourtant, qui vont des dix-huit ans de la demoiselle à l'heure du bateau pour Thérapia ou pour l'île de Prinkipio ! Laborieux, les maris, les pères, les frères rejoignent à la sortie du bureau, et alimentent la conversation : mais combien plus intéressant, le silence de ce vieux Turc, installé là-bas, qui a réclamé fidèlement le narguilhé avec le serpentin et la carafe d'un clair cristal où l'eau travaille à gros bouillons!

Parfois, il échange, avec quelques jeunes gens, en se levant à demi, ce salut à la turque d'une poésie si imagée, et dont le triple geste veut signifier : « Je ramasse la poussière qui est à vos pieds, je la porte à mon cœur et la mets à mon front » ; puis il retombe dans son fier dédain.

Quel est le secret de cette pensée? Avec sa redingote et son nœud tout fait, non, ce n'est pas là un de ces fanatiques qui vous assaillent encore à coups de pierre près de la mosquée d'Eyoub, le tabernacle où est accrochée l'épée du Prophète que ceignent les sultans au jour de leur couronnement; ce n'est pas un de ces irréconciliables, superbes dans leur haine en haillons qui, en prière sous la coupole sublime de Sainte-Sophie, anathématisent l'infâme giaour qui ose, même les souliers à la main, profaner les nattes du sanctuaire : mais malgré lui sa figure grave, où les prunelles flambent, trahit ce qu'il éprouve à la vue de cette ville étrangère qui vibre dans la sienne, et de ce flot de progrès envahisseurs.

Peu d'enfants, pas de nourrices aux rubans cramoisis. Ici, un groupe d'officiers, de valeureuse mine, rythmant le pas, et à chaque fois ils saluent un gros major allemand à la solde de la Turquie, qui, assis auprès de « sa dame », croque un S en pâtisserie ; là, c'est un fonctionnaire, — tous fonctionnaires! — quelque effendi, qui traverse le jardin, dans une hâte de n'avoir pas à se compromettre...

Et, par la porte flanquée de guichets où l'on paie les vingt paras de l'entrée, c'est un incessant renouvellement de ce salon sous les arbres, dans l'arome naissant des acacias et dans l'exquise mollesse qui tombe du ciel bleu.

Le soir, dès neuf heures, les mêmes musiciens, qui ont pour destin de jouer devant le même public, — le seul disponible. Mais alors, dans le jardin, s'ouvre le théâtre : une construction élémentaire en bois, dans cette Ville qui offre le plus céleste des décors; là, ont paru pourtant Coquelin et Sarah Bernhardt; j'y ai perçu vaguement l'*Othello* de Verdi, le *Ruy-Blas* du maëstro Marchetti, par une Compagnie italienne, et la comédie que donnait une troupe serbe.

Au dehors arrivent jusqu'à l'astragale de globes roses allumés sur la rue, les applaudissements, les rires ; dans le kiosque, la contrebasse réplique, avec le cri des garçons qui servent la glace, bouzi, bouzi ! Et, avec quelques coins d'ombre seulement, où vous guettent discrètement des profils à hauts panaches de plumes, le jardin, aux entr'-actes surtout, est comme dans une transparence lumineuse, une ondulation de liesse légère.

En la nuit d'été qui l'enveloppe, il dégage des vapeurs qui

s'effilent au ciel, et il est vivant, ainsi que par miracle, quand, autour de lui, la vie du soir n'existe pas.

Tout au plus, dans Péra, des confiseurs chez qui l'on fait halte, quelque spectacle-concert, Concordia ou Palais de Cristal, Karageuz, le guignol turc; et en bas, vers le carrefour de Kara-Keuï et vers Top-Hané des bouges chantants; là, dans la rue étroite, grouillante, au seuil des portes basses, sur la chaussée, jusqu'au milieu de la rue, auprès des quinquets fumeux posés sur le pavé, le café lourd de poudre et le tabac de Perse à portée de leur nonchalante main, allongés et recroquevillés sur des tapis, les vieux Turcs en cafetans écoutent, les yeux aux étoiles, le roulement d'un tambourin ou la plainte d'une guzla de Tunis; et, par les fenêtres ouvertes d'un boui-boui imbibé d'alcool, dans lequel tempête la joie des matelots du port, s'échappe le cri bizarre, le cri lugubre, dont s'excite sur une estrade décorée de pavillons et d'oripeaux, la danse du ventre...

Mais onze heures ont sonné; le jardin tout d'un coup a pris une tristesse; il est au bout de son office, et se vide, laissant dans l'ombre une grande tache blanche. Puis, lui aussi graduellement s'éteint.

Alors, c'est un délice de rester là, devant cette place qui, après la parade universelle, rentre pour ainsi dire dans l'alignement et comme dans le giron des choses du pays.

Maintenant, elle se confond avec l'ensemble des courbes mouvantes que borne là-bas le Stamboul de Soliman le Grand, aux sept collines piquées de feux; plus personne, pas même le drogman nègre dont les offres de service vous épient, ou le mystérieux vieillard qui vous propose à l'oreille des tableaux vivants; maîtres de la rue sont les chiens, les chiens roux et faméliques de Constantinople, qui n'ont ni maîtres ni abris; à coups secs de mâchoire, ce sont eux qui déblaient et approprient les voies; nul n'oserait les frapper jamais, et si parfois dans le jour s'élève quelque hurlement, — plein de philosophie pourtant et comme de soumission à la fatalité, c'est qu'il ne se sont pas rangés assez vite sous le sabot des chevaux; mais à présent harassés, écloppés, pelés, par clans, ils sont aplatis au repos, quoique d'un œil seulement, en travers et en long.

Et rien ne bouge, rien n'est visible, dans un silence de mausolée.

Mais après m'être perdu dans la redoutable volupté de ce silence, de la contemplation et de l'inconnu, quand je regagne l'hôtel, où rien ni personne ne m'attend, chaque fois, mon imagination plonge au fond de ces demeures — pierre, bois ou plâtras — qui dérobent un inviolable secret; et dans cette immensité muette où tant d'êtres palpitent, j'ai la vision de quelque patriarche à longue barbe qui, chez lui, paisiblement et noblement, s'attarde à la méditation du Coran, ou de quelque pacha, confiant dans des tentures du Haremlick, souriant à l'aimée qui lui abandonne son sein de nacre et son âme ingénue de joujou, dans le parfum des roses et dans la fraîcheur des fontaines.

XIX

DANS LE CALME DES CYPRÈS

XIX

DANS LE CALME DES CYPRÈS

Le soleil pèse sur la chaussée, le blanc des murs aveugle, la poussière étrangle ; dans le plein midi tout est las, et après un déjeuner au kébab de mouton, et sans vin, chez le vieux cheik T..., pour un peu de repos et de fraîcheur j'entre en un cimetière.

Des cimetières, à Constantinople il en est partout, à chaque pas, confondus avec le mouvement même de la vie, dans les rues où l'on se presse le plus, au détour d'un palais, entre deux maisons confortables, ou deux Hans loués aux affaires et habités du sous-sol au comble.

On ne se fait pas d'abord à ces brusques apparitions où s'évoque Hamlet debout parmi les pachas, à un si permanent appel au néant; cela déconcerte, dérange; et volontiers, pour masquer leur impression, crient au sacrilège ceux qui se croient respectueux des morts parce qu'il les relèguent, quelque part, au loin, dans la solitude et le froid d'une terre spéciale.

Mais peu à peu on s'acclimate à ces rencontres, elles deviennent même très douces, presque amies;

reliant l'hôte passager à tout ce qui s'est évanoui, elles font comme une augmentation d'hospitalité, et l'apparente impiété se change en quelque chose de touchant.

Dans les Turbés magnifiques, élevés çà et là, et dont l'accès est déjà un privilège, dorment les sultans, les princes, les grandes favorites; des châles indiens recouvrent les restes de Suleïman, et la tête de Bajazet repose sur une brique construite avec la poussière recueillie sur ses habits et sur ses sandales : mais dans les innombrables cimetières répandus de quartier en quartier, c'est le dépôt confus, égalitaire, de millions d'êtres, c'est le chaos du décès.

Les uns, comme à Stamboul, après la colonne de porphyre brûlé, étouffés par les échoppes, sont fermés de grilles, avec des portes basses aux ferronneries ajourées, chefs-d'œuvre anciens que mord la rouille, et l'on dirait qu'un couvent se dresse là, le couvent impénétrable de la Mort; les autres, qu'ils s'étendent à l'ombre d'une mosquée abandonnée ou au centre d'un carrefour bruyant, sont ceints de murs croulants, pleins de brèches par où l'on pénètre et ils font comme suite à la place publique.

On n'y voit point, ainsi qu'à Scutari, — dans le plus vaste cimetière de l'Orient, où est enterré le cheval de Mahmoud, paître des vaches hardies parmi les tombes, combattre les coqs et picorer les poules ou s'embusquer les brigands sous l'enchevêtrement prodigieux des cèdres. Mais les chiens de la ville y tiennent cercle paisible ; attachées à un piquet, des chèvres blanches doucement y bêlent, du linge familial y sèche à la corde ; on y entre pour fumer philosophiquement la pipe, déguster le café et le verre de limonade, ou — pour s'aimer.

Bocages épais de la mort, d'où le murmure des lèvres monte comme un chant d'oiseaux ; pierres propices qui sont comme le banc moussu au fond d'un parc ! Les couples passent, glissent, et la nuit ils demeurent ; mais, alors, tombent toutes les langueurs : c'est une énorme mêlée d'étreintes, un festin de possessions.

Quel avertissement, quel conseil cette destruction semble-t-elle jeter à la jeunesse et à la puissance des vivants ? Quelle folie de vivre souffle de cette mort ? Tout un peuple bariolé en est saisi ; s'échappant de leurs casernes, du Taxim ou de la Medjidie, les soldats se précipitent à l'amour, dans le cimetière, comme ils se précipitaient lors de Plewna, et à personne, en aucun moment, ne viendrait l'idée, la terreur d'une profanation commise, dans ces nuits formidables et splendides de volupté auprès des ossements.

Les morts, dans le paradis promis par le Prophète, ne sont pas effrayants, et aller, venir, poursuivre sa vie parmi eux, les associer toujours au présent, c'est l'hommage même du souvenir...

Le petit cimetière où j'ai pénétré est en plein Péra, à l'angle d'une rue où corne le tramway.

De hauts cyprès font flèche çà et là vers le ciel d'azur léger, que traversent des vols de tourterelles.

Roussie, tordue comme des cheveux d'enfants, l'herbe couvre tout ce carré de champ, et pas un sentier n'est frayé. Les fenêtres d'une grande maison moderne donnent là-dessus, et à la croisée, sous un store blanc qui avance, les coudes sur des coussins, une jeune femme, distraitement, regarde et respire.

Une dizaine de tombes très espacées, qui ne font point relief sur le sol sinueux; une colonne en pointe indique qu'une femme dort là; pour les hommes, c'est un cippe qui se termine par un turban de pierre; un fez pour les enfants; la profession du mort se révèle par des attributs sculptés dans le marbre rose de Cysique ou le marbre bleu de Marmara : un marteau s'il a été ouvrier; une balance pour le marchand d'argent; un navire pour le matelot. Parfois une fleur en relief, — cette rose avec laquelle le poète d'Orient ne veut même pas qu'on frappe une femme, enseigne qu'à cette place gît un être qui fut beau et qui fut aimé.

Je vais, — et voici qu'une crevasse, ronde, profondément ménagée m'arrête : c'est l'ouverture laissée au-dessus de la tête de celui qui repose, afin qu'il puisse entendre les plaintes, recueillir les regrets des amis qu'il abandonne.

Plus loin, je heurte deux pierres plates, carrées, symétriques : ce sont celles qui pieusement attendent les deux anges, Nékir et Menkir, chargés de juger le mort; là, ils viendront un instant siéger, causer, discuter, à voix basse, gravement, en dessinant dans la nuit leurs formes blanches, puis ils repartiront, porter leur jugement, quelque part dans le bleu.

Et maintenant, près de ces pierres saintes, je suis assis; je m'allonge dans l'herbe séchée sur pied, et les colonnes penchées et les cippes de travers, fantastiquement m'environnent, avec de puissantes et admirables orties.

Comme chez nous au milieu des épis, des nielles et des coquelicots ou dans la joie des vergers normands, je ferme les yeux, laissant passer sur mon front nu une molle caresse d'air; les bras étendus, je poigne cette terre des morts comme si ma main devait s'accrocher à une touffe riante de trèfles; j'ai dans l'ouïe mille bruits divers, comme si les mouches d'or et tous les insectes de mai bourdonnaient...

Et c'est une étrange chose, sublimement savoureuse aux superstitions, aux préjugés, aux nerfs d'un Parisien, que la béatitude de cette sieste sous les cyprès. Mais en réalité, ce coin de cimetière n'offre-t-il pas l'image même de la sublime Ville où je suis? Les paupières closes, dans la quintescence d'un songe, il me semble la voir se dérouler tout entière devant moi, capitale sans pareille, magnifiée par les plus aveuglantes beautés de la nature et cependant par endroits comme frappée de désolation et d'abandon; ici avec des trésors d'art, des prodiges de besogne accomplie, là avec des ornières, des flaques sauvages, des carrières béantes, des morceaux de désert; étincelante et mélancolique, somptueuse et pauvre, élancée vers l'éclat du ciel et pourtant avec quelque chose d'une prisonnière.

On dirait qu'une fatalité la condamne, l'oppresse, la maintient quand même dans cet état immérité, et qu'elle souffre, en montrant ce qu'elle est, à la perspective de tout ce qu'elle pourrait et voudrait être.

Fatalité singulière, en effet, véritable curiosité historique, qui entrave ce pays dans la formation des ressources nécessaires à sa marche, lui ôte ce qui appartient aux pays les plus effacés : le droit de fixer ainsi qu'il l'entend ses taxes et ses tarifs, et depuis les capitulations, gracieusement accordées pourtant, depuis François Ier, le laisse tout resserré dans la main des autres nations; la France, l'Angleterre, l'Allemagne ont chacune à Constantinople leurs postes spéciales, desservies par leurs fonctionnaires : un Français, un Anglais, un Allemand, même propriétaires, échappent à l'impôt, et en cas de procès ne sont justiciables que devant leurs consuls respectifs, au mépris des lois ottomanes.

Comment sous le poids inéquitable de ce vieil état de choses, la ville de Soliman se referait-elle une jeunesse? Comment se ressaisir un instant, pour repartir ensuite plus radieuse? Comment cesser d'être ainsi qu'une de ces belles fiancées de Shakespeare, auxquelles on a versé du poison, et qui, tout en respirant, ont déjà quelque ombre de mort sur leur lit magnifique, parmi les fleurs et les brocarts blancs?

Hélas! dans le petit cimetière où je rêve, rien ne répond, ne peut répondre encore, et le secret de demain est aussi insaisissable que l'or de ce rayon de soleil qui a fini par jouer hors des branches et me réveille...

Je me lève, secouant sur tout moi la poussière qui était presque celle des morts, je mesure un moment encore le champ de mon repos qui est le leur pour l'éternité, et soudain un immense, un pressant besoin d'horizon, d'espace, m'envahit.

Oh! me prouver à moi-même que je suis vivant, aspirer de l'air pénétrant! Et je cours aux embarcadères, sans souci des heures, — éternel conflit de l'heure turque et de l'heure franque! — où un bateau du Chirket-i-Haïré à point m'emporte vers le Bosphore.

Maintenant, c'est le palais de Dolma-Baghtché dont les mignardises de marbre, les portiques qu'on dirait pris au Bois sacré, vont s'allongeant en travers dans le flot; c'est le palais de Beyler-Bey, aux plans d'une somptuosité solennelle, et qui reçut l'impératrice pendant son voyage à Suez; et Bebeck, où l'écho pleure et rit; Sténia, où l'on nous vit campés lors de la guerre de Crimée; Beicos, dont le golfe arrête la dégringolade des vignobles; Thérapia, qu'embellissent les ambassades en villégiature, — la nôtre peinte en rouge, massive et pourtant écrasée; Bouyouck-Déré, avec la vallée des Roses, la Source des Châtaigniers, et d'où partent les pêcheurs pour surprendre l'espadon dans la Mer Noire, qu'on aperçoit au loin, entre deux pointes de rocs.

Et sur tout le parcours, parmi les palais à satiété et aussi parmi les masures de bois triste, accrochés au flanc des collines ou posés dans les replis d'un vert sombre, les yalis des pachas et des vizirs, avec une troupe de domestiques blancs et noirs aux aguets dans le vestibule, des belvédères bordés de vases rayonnants, des terrasses aux lauriers géants, des kiosques où s'enchevêtre la pourpre des fleurs de grenade : folies de l'opulence, et peut-être, qui sait, de la sagesse!

C'est un dimanche.

Du pont jusqu'aux cabines du dessous, le bateau regorge, des familles entières grouillent, en habits et en air de fête; des musiciens accordent leur harpe; des vendeurs crient aux journaux, d'autres à l'orangeade frappée : vrai dimanche de banlieue parisienne, — Billancourt, Meudon, Saint-Cloud, sur le Bosphore; dimanches des peuples, partout les mêmes, au sein desquels on a beau se sentir étranger, on est bercé, égayé, adopté.

Une petite fille blonde, en robe bleue à damiers, une Allemande, qui sait? dans le remous du bateau qui fend les lames, vient contre moi jouer à la poupée, sous le sourire de sa mère, qui se voit assise déjà sous les tonnelles de chez Pétala...

Et tandis que la petite, de ses menottes, fait tenir sa poupée sur mes genoux, autour de moi je regarde et je bois avidement cette splendeur de vie, je m'en grise les moelles, et dans cette admirable lumière qui, à cette heure, doit se détourner du cimetière, et avec, sur moi, cette petite inconnue qui représente une parcelle de l'éternel demain, j'oublie que nous sommes, nous, les poupées de la mort...

XX

REMERCIEMENT

XX

REMERCIEMENT

... Et voici bien finie, sans que je sache comment, la fugue adorable que je croyais sans bornes. Les fleurs du chemin sont fauchées, la vision lumineuse s'éteint.

J'ai salué le douanier français d'Avricourt, et maintenant j'ai réintégré mon cabinet de travail, sur la rue, dans Paris qui gronde.

Je retrouve mes bibelots et mes livres, mais je leur apporte le viatique des sensations nouvelles; j'ai devant moi le vieil horizon, mais il va s'animer d'idées vierges, d'opinions refaites, d'un peu plus de fraternité, et luire de choses imprévues; des journaux s'étagent sur ma table, et des lettres qui ont un drôle d'air, mais je ne veux rien savoir de ce qui a pu surgir entre temps, pour ne rien diminuer en moi.

Serbie, Bulgarie, Constantinople, je maintiens votre part intacte, et utile, dans mon souvenir; vos minutes d'Orient serviront de rachat aux heures du boulevard, et je garde l'élan de vie que vous m'avez donné...

1894-1895.

TABLE DES MATIÈRES

Paris. — E. Kapp, imprimeur, 83, rue du Bac.

www.ingramcontent.com/pod-product-compliance
Ingram Content Group UK Ltd.
Pitfield, Milton Keynes, MK11 3LW, UK
UKHW021103220726
13924UKWH00005B/2211